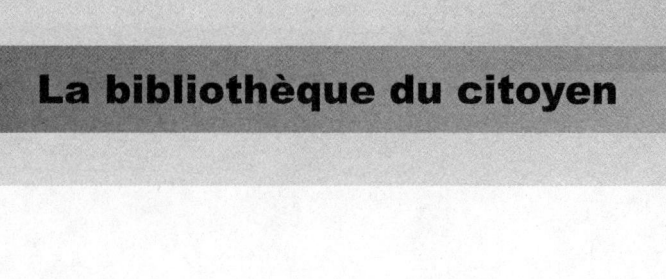

La bibliothèque du citoyen

· 公 民 丛 书 ·

许铁兵/主编

· 公民丛书 ·

消费者在行动

LA CONSOMMATION ENGAGÉE

〔法〕索菲·杜布松－奎利埃/著
（Sophie Dubuisson-Quellier）

李洪峰　沈艳丽/译

社会科学文献出版社
SOCIAL SCIENCES ACADEMIC PRESS (CHINA)

Sophie Dubuisson-Quellier
LA CONSOMMATION ENGAGÉE
©2009, PRESSES DE LA FONDATION NATIONALE DES SCIENCES POLITIQUES

本书中文版根据法国政治科学国家基金会出版社 2009 年法文版译出

公民丛书第二辑序言

在社会科学文献出版社的大力支持下,《公民丛书》的第二辑终于问世。

本辑丛书包括七个专题,涵盖了社会与文化领域的多个热门议题。

在本辑丛书选题上,编者把巴黎政治学院近年来推出的"新辩论"(Nouveaux debats)和"质疑"(Contester)系列也纳入进来,取材视角更为宽广,当然,重点仍然放在全球化背景下的全球治理。与上一辑选题相比,本辑选题更加着眼于带有跨境特征的文化和社会问题。

二十一世纪的头十多年,世界格局正经历着根本性的结构变化,重心转移和态势演变正在加速。一方面,西方发展模式一家独大已经渐成明日黄花,新型国家崛起的道路也绝非平坦,南方国家的分化同样引人注目,搭车者、过坎者、挣扎者乃至失败者表现得复杂多样且波动起伏;另一方面,全球范围内的各类问题则表现为同步性和瞬时性、更大的互动性和更难以处理的交织性;政治国别边界的可渗透性急剧增大,也就是更加脆弱化；非国家行为体——这不仅是政党社团和非政府组织，还包括富可敌国的跨国企业、应运而生的跨国社会运动、流派众多的宗教势力、国际媒体和专业团体——的行为举止越来越具有自发性和自主性，分别以各自的方式参与并影响着世界进程。这就意味着全球治理除了不言而喻的必要性之外，不仅是以国家行为体为主的各类相关制度之设计安排，而且更需要每个个体和群体作为全球社会的成员，特别是作为世界公民的意识感和责任观。本辑丛书的宗旨，在于帮助读者形成对世界事务的深刻认识和准确理解，从而为参与全球治理做出自身的贡献。

主编 许铁兵
2014年12月

目 录

致　谢　001

引　言　001

第一章　消费者抗议史　001
　　合作社运动　004
　　消费者的动员　009
　　消费主义运动的兴起　013

第二章　消费与环保　017
　　环保抵制　020
　　环保标识的使用　022
　　绿色农业　025
　　个体化集体行动的局限性　028

第三章　消费与社会不公正　033
　　消费者声援劳动者　036
　　公平贸易　040
　　社会公正的商品化　045

第四章　抵制大众消费　051
　　与商业行为抗争　054
　　消费者之抵抗运动　057
　　经济降增运动　066

第五章　构建取代市场的替代选择　073
　　源于社会互助经济的替代性交易体系　076
　　生产者和消费者间的直接贸易体系　081
　　走向消费者治理　086

结　论　093

参考书目　099

致 谢

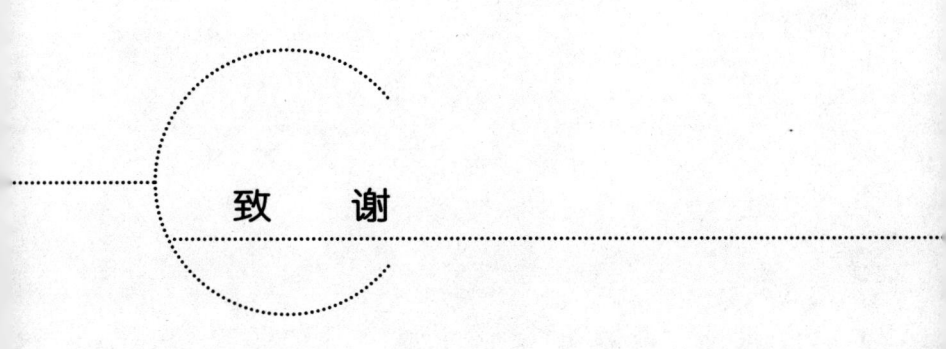

我首先要感谢诺娜·马耶尔（Nonna Mayer）委托我为"公民丛书"写这部作品，并感谢她耐心地阅读了历次修改的版本。我也要感谢玛利-埃马纽埃·谢塞尔（Marie-Emmanuelle Chessel）在历史部分给予我的帮助。我还要感谢在本书写作过程中我所遇到的消费者行动的所有参与者，感谢他们愿意与我分享他们的行动、经历和努力。

本次研究获得了法国国家科研署"农业和可持续发展"项目的资助。我要感谢在本项目中支持我的研究人员：吉扬·安扎洛纳（Guilhem Anzalone）、波琳·巴罗·德拉热里（Pauline Barraud de Lagerie）、克里斯蒂安·德韦尔（Christian Deverre）、克莱尔·拉明（Claire Lamine）、罗南·勒韦利（Ronan Le Velly）、马克·莫尔蒙（Marc Mormont）、皮埃尔·斯塔萨尔（Pierre Stassart）和莎拉·沃特莫尔（Sarah Whatmore）。

引言

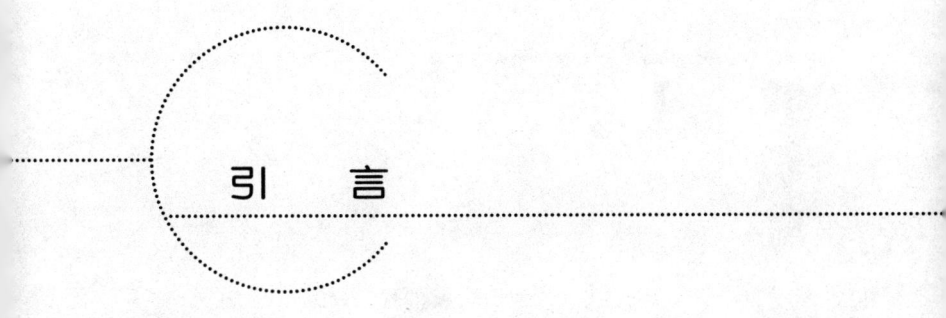

消费如今已成为一个社会抗争的空间。每个消费者都可以通过行使购买或抵制某些产品的经济权利来表达对企业行为的支持或反对。"消费者行动"一词（la consommation engagée，本意是被介入的消费，延伸为消费者在行动中，或行动中的消费者。——主编说明），诠释出公民希望通过选择商品来直接表达自己的社会立场和抗争立场之意愿。2006 年，法国生活条件研究和观察中心（Credoc）进行了一项关于"消费者行动"之表现和做法的调查，① 结果显示，44% 的法国人承认在购买产品时会考虑相关生产企业承担社会责任的因素，这一比例相比于 2002 年的调查增长了 6 个百分点。这其中有 61% 的人（2002 年仅为 52%）愿意在产品原有价格的基础上再支付高达 5% 的额外费用。虽然仅仅通过表态很难准确评估与"消费者行动"相关的具体行为，但毋庸置疑的是，如今它已成为各种社会抗

---

① Patricia Croute, Franck Delpal et Georges Hatchuel, *Représentations et pratiques de la consommation engagée, Rapport du Credoc*, Paris, Credoc, décembre 2006.

争行为表达中不可分割的一部分。

如何认知并诠释这些社会动员形式？这是一种政治参与的转移，还是一种特殊的消费者权利行使方式？除了高度媒介化的一些做法，此类社会动员的范围是什么？

本书旨在研究"消费者行动"的不同表现形式。在界定其历史根源和当代维度的基础上，我们将考察消费者行使权利的政治意义。进行对比研究的主要困难在于这些行动方式是分散而多样的。某些抗议活动具有高度组织性，具有在城市空间内集体行动的特征，如反广告行动通过组织在广告板上涂鸦来揭露广告商对消费者的操纵。但是，大部分行动没有那么直观，属于对某种特定消费或生活方式选择方面的个人抵制行为。这些不同的抗议方式，时而处于公共空间，时而处于私人领域；时而在市场之外，时而直接在市场之中；有些是集体行动，而有些是个人行动。它们的共同之处是什么？消费者有时候是质疑不负责任的消费模式之运动的目标人群，有时候却又是这些发动消费者来响应其目标的活动的执行者，他们到底具有怎样的地位？

消费者行动的特点在于，它将政治行径纳入消费选择核心之中。也就是说，商业行为不是唯一的行动框架。我们将指出，其实恰恰相反，消费者可以为着各异的事业在多种情境下为不同的抗争活动所动员。这些动员活动的共同点是，在某些集体无秩序的情况下（如环境恶化或社会剥削），指出消费者所承担的个人或集体的核心责任。

然而，在目前有关社会运动的各类研究中，消费者运动仅仅处于边缘地位。为了论述，我们将依靠关注这些活动的其他社会科学研究领域来对比进行。

首先，对公共政策的分析考察是立足于规范之上的新调控模式的发展，它指出标识、尤其是环保标识体现了消费者行使经济权利的能力。依据这些研究，米歇尔·米歇莱提（Michele Micheletti）[①]提出了一个新概念，即"个体化的集体行动"，这是为数不多的、将消费者行动归入社会运动研究的概念之一。

第二个研究领域是农村研究。从转型农业和相关食品产业的研究入手，学者们对起源于消费者政治动员的新型产业的发展（如生态农业和公平贸易农业）进行了分析。

第三，管理学尤其是市场营销学致力于研究消费者对商业营销手段或广告手段的抵抗力，以及它们建立在社会质疑之上的反文化的能力。

第四，还需要借鉴的是社会历史领域的研究。它们在研究18世纪末以来的消费者动员行动方面取得了丰硕的成果。我们在所收集的第一手资料的基础上，利用上述不同的研究成果所提供的二手数据，来呈现消费者行动所采取的各种质疑形式。

本书分为三个部分。

第一部分回顾消费者运动的历史（第一章）。大多数今天仍在使用的行动方式早在20世纪初就已经出现。

第二部分研究消费者动员中的两个主要目标：环境（第二章）和社会公正（第三章）。从20世纪90年代开始，捍卫这些目标的社会运动就通过构建消费者个体的经济权利来扩大自身的行动框架，而消费者则可以直接通过消费选择来支持这些目标的实现。

[①] Michele Micheletti, Political Virtue and Shopping. *Individuals, Consumerism, and Collective Action*, Basingstoke, Palgrave Macmillan, 2003.

第三部分研究消费者行动分散而独特的表现方式,既有抵抗式或转移式行动(第四章),也有建立替代市场作用的商品交换体系的行动(第五章)。这些活动类似为那些接近替代全球化抗议主张的运动所动员,它们的目标更多在于将消费变为政治博弈,通过赋予消费者集体批判的能力,使他们能够质询政治或经济行为主体,而不仅仅在于加强消费者的经济权利。

在结论部分,我们将探讨消费者的实际权利以及这些抗议活动的两面性:它们在质疑市场的同时又扩大了市场。由于与市场的关系是消费者行动的关键问题之一,我们将通过列表来全面展示这些不同的形式,突出其批判或动员市场的能力大小。

第一章
消费者抗议史

虽然今天消费者行动方式的种类在增长，但这并非是一个新现象。早在18世纪末就出现了关于消费的社会动员，但其获得发展却在进入20世纪之后，其抗争形式也变得多种多样。消费者时而是抗争组织者的盟友，例如在争取公民权利的斗争中；时而却成为活动的目标人群，比方在合作社运动中。这些不同的社会动员产生了富有创造性却又迥然不同的活动方式。其中抵制行动迅速地占据了中心地位。伴随着抵制行动的，往往是"择购"行动（buycott)，虽然那时候还没有这个说法，即以维护某项事业为名，引导消费者购买某些产品或是某些商家的产品。其他表达质疑的方式还有：上街游行，站在商店门口要求降价，还有消费者的"啜饮"或"消费激情的罢工"[1]。还有消费者自行承担某些商业活动的费用，如美国黑人群体的独立商店或者是消费合作社。

过去和现在的运动的共同点是参与者的社会人口特征。虽

---

[1] 这些行动指的是消费者故意在商业餐馆等地长时间逗留。

然在一个很长的时间跨度上来比较社会等级制度有一定风险，但我们可以发现，从19世纪末到20世纪30年代，在西方，这些消费者运动的成员，最初多从盎格鲁-撒克逊国家的中产阶级和法国资产阶级的男性中、后来日益从女性中招收。

然而，消费者协会如今却处于消费者行动的边缘地带。回顾历史可以找到其原因：随着政府管理部门创立消费者代表机构和企业开设市场营销部门，尤其是消费者权益协会的出现，消费者的利益代表行为逐渐制度化。这种制度化引导着消费者的利益代表行为转向对消费者权益的维护，而非质疑消费者的集体责任。本书将说明，今天的动员行动更多是环保主义者或是社会公正捍卫者的所为，而非消费者协会。

合作社运动

合作社运动起源于英国和法国的两大传统。[1] 罗伯特·欧文（Robert Owen）被视为英式合作社的创始人。他自学成才，管理着曼彻斯特最大的棉纺厂之一。18世纪末，他从事了诸多的社会改进事业，与杰里米·边沁（Jeremy Bentham）一起努力改善儿童教育状况。从19世纪初开始，他领导建立了消费者合作社，出售价格便宜的消费品。其目的有两个：引导贫困家庭购买优质产品，同时让他们直接参与商业活动的管理。这些合作社中最有名的是罗虚代尔公平先锋社（Rochdale Equitable Pioneers Society）。它在1844年由纺织工人成立，后来成为"罗

---

[1] Ellen Furlough, *Consumer Cooperation in France. The Politics of Consumption 1834–1930*, Ithaca (N.Y.), Cornell University Press, 1991.

虚代尔模式"的历史典范。该体系的独创性在于社员们可以分享销售利润。另外，每个社员都享有投票权，得以参与到合作社的管理之中。这一模式旨在提倡社员平等和共同管理。合作社的运行很早就依靠女性社员的大量投入，而她们也从中发现了一条参与政治的途径。1833年，妇女合作社协会（Women's Cooperative Guild, WCG）成立，并迅速拥有了三万多名成员。在19世纪这个时期，合作社展现了一种在市场和公共行动之外的财富分配方式，成为消费者在政治和道德投入方面所倚重的场所。

法国的合作社运动发展于18世纪末。1791年的法律废除了工匠行会，在此背景下，夏尔·傅立叶(Charles Fourier)提出了有机社会的模式，来对抗资本主义到来所导致的社会分化。他所倡导的法伦斯泰尔（Le Phalanstère）等团体组织的发展，是人们在一个"和谐的人际协会组织"中共同负责生产、销售和消费活动。1839年，里昂纺织工人流血大罢工后不久，傅立叶和圣西蒙（Claude de Saint-Simon）主张的信奉者在里昂成立了第一个合作社。它由200多名工人经营管理，出售食品和生活急需品，如煤炭、服装和蜡烛等。1851年，人道合作社（Humanité）成立于里尔，拥有1500户社员家庭，还经营一家面包店和一家肉铺。比利时和北欧国家的人士从中也受到启发，成立了其他的合作社。

这些慈善型的乌托邦式方案为合作社运动奠定了基础。因其具有将个人选择融汇成集体力量的强大能力，合作社很快成为发动大众积极参与各种政治纲领的手段。

工人和资产阶级合作社

工人运动从合作社中看到了解放工人阶级的一种途径。成立于1864年的第一国际将其建成了一个为从事社会质疑事业进行宣传活动和筹集资金的强大工具。第一国际解散以后，合作社为集体行动的组织提供了集会场所。与工人政党和工会一起，合作社成为当时工人运动的第三支柱。但是，市长们和企业家们也建立发展起了合作社，借此来教育劳动者接受某些资产阶级价值观，如自我奉献精神和节约意识，并将消费行为道德化。和工人合作社一样，他们出售的大部分产品也是保证质量的基本消费品。但不同之处在于，这些企业主合作社只给每个社员分红，但不组织集体行动。他们的目的重在推行消费禁欲主义，而那时候的大型商店却推崇奢侈铺张和消费的快感。自然，这些企业家的合作社，远远不是社会主义合作社的翻版，反而是对抗社会主义合作社的工具。它们在工人和雇员群体当中招募成员，试图将消费变成一种令勤勉大众遵守纪律的工具。正是由于这些原因，该模式能够获得最多而有利的政治机遇，无论是对于国家来说还是对经济学家而言。法国于1867年颁布的第一部关于合作社的法律为它们提供了法律框架，使之理直气壮地成为资本主义企业的一员，从而将工人运动所提倡的主张边缘化。

但无论怎样，这两种不同形式的合作社之间的紧张状态最终逐渐淡去。以夏尔·吉德（Charles Gide）、爱德华·德布瓦（Edouard de Boyve）和奥古斯丁·法布尔（Augustin Fabre）[①]为代表的尼姆学派的主张，开启了合作社运动在资本主义和社会主义之间的第三条道路。而在现代商业发展的强力竞争下，合

[①] 夏尔·吉德（1847-1932）是法国合作社运动的领导人之一。他于1885年和另两位合作社运动领军人物（爱德华·德布瓦和奥古斯丁·法布尔）一起开创了尼姆学派，那时正值合作社运动全面重组时期。受新教启发，该学派主张捍卫个人解放和经济成就的双重原则，将新的合作社运动定位于介于社会主义和资产阶级的设想之间。

作社不得不互相联合。1912年,法国消费合作社全国联合会(Fédération nationale des coopératives de consommation, FNCC)成立,结束了合作社之间的分裂状态。于是,在新合作主义的口号之下,出现了组织结构合理化以及更契合消费者需求的合作社运动新理想。

因国有别的形式

合作社运动在各国有着不同的形式,[1] 这取决于它们自身选择的意识形态定位和遇到的政治机遇。有些机遇促进了其制度化,有些则使其在社会空间里更为边缘化。

美国的合作社运动很快抛弃了阶级斗争的原则,转而投向美式共和国的理想,即以个人自由的原则建立没有阶级的社会。19世纪80年代末,支持合作社运动的美国工会组织劳动骑士(Knights of labor)的解体并不意味着合作社的消亡,而是与罗虚代尔和社会主义模式的逐渐决裂,以追寻共和与自由主义的精神。合作社成为一种获得私人产权的方式。这场处于市民社会中心的合作社运动吸引了从工人阶级到中产阶级的各阶层消费者。尤其是美国黑人群体将此视为进入被种族隔离法禁止的消费场所的首要途径。从广泛意义上来说,一直到20世纪50年代,合作社为这些群体表达诉求提供了一个有利的环境。从20世纪60年代开始,合作社运动开始承载一些反正统文化的理想的表述,比如嬉皮士运动和之后的生态主义运动。今天,美国很多的合作社(co-ops)由中产阶级投资,其中很大一部

---

[1] Ellen Furlough et Carla Strikwerda (eds), *Consumers Against Capitalism? Consumer Cooperation in Europe, North America and Japan, 1840–1990*, Lanham (Md.), Rowman and Littlefield, 1999.

分出售品种丰富的生物农业和公平贸易产品。

在北欧国家和英国,在市场调节机制下,面对企业和国家有组织的利益,合作社是最有利于维护市民社会权益的场所。在上述国家,合作社运动组建了自己的政党,因此可以直接参与国家经济政策的制定。在丹麦,合作社运动处于农村政党和社会民主政党联合体系的中心,国家赋予其实施公共行动来调控价格的权力。在瑞典,深受法国家长制和企业家模式的影响,合作社运动如今成为高度个人主义化的社会民主模式的核心机制之一。合作社运动制度化最深入的是日本。国家依靠合作社来落实某些公共政策,现在合作社也为日本人在社会生活中众多活动的开展做出了很大贡献。

在法国,政府与合作社之间的合作是在困难时期发展起来的。比如1918年,应巴黎市的要求,巴黎合作社联盟(l'Union des coopératives parisiennes)承担了奶肉销售任务。然而,虽然在战争结束之际合作社的活动仍然涉及20%的法国人的日常生活,接下来它们却面临着现代商业发展的威胁。尽管采取了很多办法来合理规划,合作社基本上仍然无法生存。但从20世纪80年代末开始,合作社运动又重获新生,其依靠的是由生态农业生产者开办的绿色食品商店(Biocoop)。该运动源于20世纪70年代,几户家庭决定联合起来直接从生产者手中进货,之后便在全法开创了50多家合作社。这些合作社于1986年联合签约,规定所售产品中必须保证一部分是绿色农业产品,要在商店中予以标示并指明产品来源和/或产地。在两年时间内,此类商店的数量猛增了50%。到2005年,所有这些商店的销售量增幅达到25%,这一网络通过其300个销售点覆盖了法国大面积地区。绿色食品商店网络如今在法国消费者行动的推动方面发挥着特别积极的作用。它将源于绿色农业、公平贸易的产品和地方小生产者的产品摆到突出位置，也让消费者了解到这些旨在保护环境或维护公平经济关系的动员方式。

消费者的动员

如果说合作社运动证明了消费能够创造出动员大众之框架的能力，但它却远远不是消费者表达质疑意愿的唯一框架。很多社会运动把合作社作为自己重要的盟友，有些希望强化市场道德，比如顾客联盟，有些则希望构建身份认同和公民权利，比如黑人群体的运动。

动员消费者以强化市场道德

19世纪末兴起于欧洲和美洲的顾客联盟发起了一场旨在强化生产行为道德的运动。这些联盟诞生于英国，由改良派斗士克莱蒙蒂娜·布莱克（Clementina Black）发动，目的是激励消费者购买尊重劳工尊严之企业的产品。然而，这场运动并未在英国起到预期效果，因为倾向于自由贸易的行动主义使市场成为财富分配的优先机制。相反，在美国和其他欧洲国家，这些联盟都取得了飞速发展，并且相互影响。1891年，联合了很多既有联盟的美国消费者总联盟（National consumers league, NCL）在纽约正式成立。该组织邀请消费者参加深入工厂的调查，制定符合道德伦理的工厂企业"白色清单"，建议消费者向企业家或官方施压以改善劳动条件，以此对他们进行道德教育。美国消费者总联盟于1898年发起的"消费者白色标识"运动由女性主导，她们负责发动自己所处的社区，鼓励女性消费者根据该标识来选择产品。该联盟著名的领军人物弗洛伦斯·凯利（Florence Kelley），是最早提到"钱包之力量"可以迫使国家干预劳动和商业调控立法的女性之一。①

从20世纪初开始，这些联盟陆续在法国、瑞士、德国和比利时发展起来。法国的消费者联盟在亨丽埃特·布吕纳（Henriette Brunhes）和让·布吕纳（Jean Brunhes）的领导下，为社会进步而奋斗，但希望区别于在该领域行动的同类慈善组织，它们主要致力于改善就业人群的劳动条件。②虽然受到美国消费者联盟的启发，但是这些欧洲联盟自身的独特之处在于它们并非由中产阶级女性来推动，它们汇集的是上流社会信奉天主教的资产阶级男性和人数更多的女性。这些人与政界及教育界人士关系密切，有些人还是女性主义运动成员。联盟投身消费领域为社会行动派人士提供了参与政治生活的行动空间。在美国和欧洲，这些联盟推动着各类公共行动的发展。美国1938年颁布的《公平劳动标准》（*Fair Labor Standards*），在很大程度上是受到美国消费者总联盟提出的最低工资要求的启发。在法国，联盟积极争取夜间劳动规范和星期日休息的权利。在两次世界大战之间，美国的地区妇女组织针对商家提高奶、肉等基本生活必需品价格发起了有组织的抵制活动和伫立抗议，这同样可以

---

① Kathryne Kish Sklar, "The Consumers' White Label Campaign of the National Consumers' League, 1898–1918", dans Susan Strasser, Charles McGovern et Matthias Judt (eds), *Getting and Spending. European and American Consumer Societies in the Twentieth Century*, Cambridge, Cambridge University Press, 1998, pp.17–36.

② Marie-Emmanuelle Chessel, "Consumers' Leagues in France: A Transatlantic Perspective", dans Alain Chatriot, Marie-Emmanuelle Chessel et Matthew Hilton (eds), *The Expert Consumer*. Associations and Professionals in Consumer Society, Londres, Ashgate, 2006, pp.53–69.

被归类到有意强化市场道德的行为当中。然而与联盟行动不同的是，这些行动并不以改善生产行为为目标，而是重在维护美国家庭的购买力。

构建身份和伸张民权

1765年《印花税法案》(Stamp Act)和1767年《唐森德税法案》(Townsend Act)① 投票通过之后，北美殖民地的移民们抵制英国进口商品，这是目前所知最早的消费者动员形式之一。这些反应引发了诸多的示威游行。其中最著名的是1773年反英国茶叶运动，也被称为"茶叶党"运动，当时殖民地民众把茶叶倾倒在了波士顿海湾。大众的抵制行为对美利坚民族的形成起到了重要作用，使他们得以构建起反抗英国占领者的共同身份。② 于是市场成为凝聚不同奋斗目标的阵地，被视为强大的社会集体愿望之融合机制。③ 不过最早的大规模消费者动员运动的产生要等到19世纪才真正出现。从19世纪20年代开始，美国反奴隶制运动拒绝使用由奴隶生产的产品，而鼓励出售自由劳动力生产的产品，进而为消费者提供了一个社会动员框架。公谊会（Quakers）和废奴主义者照搬了英国18世纪90年代反对蔗糖产品（由奴隶种植园生产）的抵制策略，并开启了通往其

---

① 英国国会投票通过两项法案，第一项要求向所有合法合同文契征税，第二项要求向某些进口产品征税，如铅、玻璃和茶叶。

② Lawrence B.Glickman, "Through the Medium of Their Pockets:《Sabbatarianism, Free Produce, Non Intercourse and The Significance of Early Modern' Consumer Activism", dans Alain Chatriot, Marie-Emmanuelle Chessel et Matthew Hilton (eds), *The Expert Consumer*, op.cit,. pp.21-36.

③ Timothy H.Breen, *The Marketplace of Revolution: How Consumer Politics Shaped American Independence*, Oxford, Oxford University Press, 2004.

他行动方式的道路。1826 年，他们在巴尔的摩（Baltimore）开办了第一家自由产品商店。该运动希望通过消费者的支持，建立起一个有效的中继站，进而帮助奴隶获得人权和公民权。这一原则就是通过消费者的经济权力被用来向奴隶制的获益者们施压。然而，这个权力虽然在表面上属于经济领域，但因为很难大范围地调动消费者，所以这些议题最终还是在政治层面上展开辩论。

数十年后，黑人群体的公民权运动也在消费者动员中找到了维护其自身公民权的有力杠杆。20 世纪 20 至 30 年代期间，一些著名的运动，如"不在你无法工作的地方购物"运动和"把钱花在你能工作的地方"运动，在美国南部多个州组织了抵制或择购行动。

上文所提及的女性积极参与消费者运动也反映出，女性同样希望为自己争取到公民权，而在大多数国家要等到 20 世纪下半叶才赋予她们这些权利。消费者运动与妇女运动紧密联系，有时候也跟女性主义运动联系在一起，比如英国妇女争取参政权运动。消费成为女性参与公共生活首先考虑的合法领域。在欧洲，有女顾客社会联盟；在美国也同样如此，女性购物者联盟 (League of Women Shoppers) 和女性俱乐部联合会（General Federation of Women's Club），称得上是当地女性消费者行动的汇集总部。1949 年，日本家庭主妇协会联盟仅在东京地区就拥有不少于 50 万名的成员。[1]

---

[1] Matthew Hilton, "The Organized Consumer Movement since 1945", dans Alain Chatriot, Marie-Emmanuelle Chessel et Matthew Hilton (eds), *The Expert Consumer*, op.cit,. pp.187-203.

消费主义运动的兴起

从第一次世界大战开始,消费者协会和国家政权越走越近。前者不断提醒政府机构在产品卫生和社会保障方面的责任,而后者希望借助消费者协会引导个人为获得战争胜利而贡献力量。比如,在英国爆发战争之前,妇女合作社协会曾经支持自由贸易,但是在"一战"期间,消费者组织却呼吁国家要加大对贸易的干预力度。他们的目的是通过更好的经济调控,使消费者提防生产商和中间商弄虚作假,警惕价格的大幅波动以及假冒伪劣产品。[1]而国家则成立了消费者委员会来管理产品匮乏问题,并在两次世界大战之间通过不同机构继续履行调控消费的职能,包括政治和经济计划署(Political and Economic Planning)、王家食品价格委员会(Royal Commission on Food Prices)、食品理事会(Food Council)。[2] 由此导致的国家角色的增强并没有伴随消费者运动的削弱,国家和市民社会之间逐渐围绕公民经济权的原则形成了联盟。

在美国,这一时期消费者运动与国家之间的关系也经历了深刻变化。生产商、广告商或经销商操控消费者的手段越来越多地被公开揭穿,消费者应拥有更多知情权的理念获得了成功。但实际上,在罗斯福新政(New Deal)的推动下政府行政部门内才得以直接成立专门的消费者诉求表达机构。这些变化并未被视为消费者行动的形式权利被剥夺,而当时还得到了美

---

[1] Frank Trentmann, "Bread, Milk and Democracy: Consumption and Citizenship in Twentieth Century Britain", dans Martin Daunton et Matthew Hilton (eds), *The Politics of Consumption. Material Culture and Citizenship in Europe and America*, Oxford, Berg, 2001, pp. 129–163.

[2] Matthew Hilton, *Consumerism in Twentieth-Century Britain: The Search for a Historical Movement*, Cambridge, Cambridge University Press, 2003.

国消费者总联盟的支持。该联盟从20世纪30年代末起就一直倍加关注消费中的重大议题。创立于1927年的《消费者研究》（*Consumer Research*）以检测产品质量为己任，这是警觉而专业的消费者的最佳类型，体现着"二战"后时代的特点。

从20世纪50年代起，消费者权益保护运动的历史遭受了一次严重的断裂。在战争期间，美国消费者不得不承受作为公民为了国家总体利益而牺牲自身利益的义务和个人消费追求之间的冲突；但在战争结束之后，建立在大众消费基础之上的经济疏解了这种矛盾。消费成了能够同时满足个人欲望和集体责任的双重方式。历史学家丽萨贝斯·科恩（Lizabeth Cohen）将此描述为一个"消费者共和国"（*A Consumers' Republic*），它建立在20世纪50年代开始的消费者、国家和市场之间通过隐性方式缔结的社会契约之上。人人均可享有的消费成了经济增长和民主理想的基础。[①] 消费的优点满足了自由主义者，他们从中看到了不必求助于福利国家的经济发展之路。消费同样也使左派信服，他们深受凯恩斯学说的影响，认为市场是一个极好的保证充分就业和高工资水平的发动机。工业家和工会运动重新走到了一起，称颂着每个美国公民参与大众消费所带来的集体利益。

这些变化极大地改变了消费者协会的角色和目标。在"冷战"期间，美国的消费者权益保护运动被认为过于亲近共产主义团体而被边缘化。消费者联盟放弃了其主要抗争诉求，消费者全国联合会于1953年解体。代表消费者也不再仅是消费者组织的专有特征。企业和市场营销研究人员积累了一套得到认可

---

① Lizabeth Cohen, *A Consumers' Republic. The Politics of Mass Consumption in Postwar America*, New York (N.Y.), Vintage, 2003.

的、分析消费者心理的经验,用于评估并满足他们的需求。根据消费者的独特身份对其需求进行分析和分类,在此基础上可以对市场营销和社会动员进行分类。在战后的美国,消费者权益保护运动,围绕着对每个社会群体自身的特定利益的维护而展开。比如:男性与女性,年轻人与老年人,黑人或享有特权的中上层白人(WASP,信奉新教的盎格鲁-撒克逊人)。

20世纪60、70年代,现代消费方式(加法)在大多数工业国家奠定了基础。各国能量大小不等的消费者协会致力于维护消费者的权益,并与国家及企业维持一种有组织的且制度化的关系。其中有三个主要的模式。[1]

第一个是在美国占主导地位的维护私人权利的模式。消费者联盟是美国最大的消费者组织,[2]而致力于追求劳动尊严的美国消费者总联盟却已不再处于核心地位。[3]根据拉尔夫·纳德(Ralph Nader)提出的理论,消费者协会拥有强大的资金支持,能够组织大规模的舆论动员来向企业和政府当局施压。[4]第二个

---

[1] Patricia L.MacLachlan, *Consumer Politics in Postwar Japan*, New York (N.Y.), Columbia University Press, 2004; Gunnar Trumbull, *Consumer Capitalism. Politics, Product Markets and Firm Strategy in France and Germany*, Ithaca (N.Y.), Cornell University Press, 2006.

[2] Hayagreeva Rao, "Caveat Emptor: The Construction of Nonprofit Consumer Watchdog Organizations", *American Journal of Sociology*, 103(4), 1998, pp. 912-961.

[3] Robert Mayer, "The Entrepreneurial Ethic and The Spirit of Consumerism: Finances and Strategy in the US Consumer Movement", dans Alain Chatriot, Marie-Emmanuelle Chessel et Matthew Hilton (eds), *The Expert Consumer*, op.cit,. pp. 151-166.

[4] Hayagreeva Rao, "Caveat Emptor: The Construction of Nonprofit Consumer Watchdog Organizations", *American Journal of Sociology*, 103(4), 1998, pp.912-961.

是在法国占据主导地位的保护消费者的模式。国家支持消费者协会，既给他们以补贴，又在制度上规定和保障他们在不同机构中的发言权。例如 1967 年成立的国家消费研究所。[①] 消费者协会致力于扫除妨碍自由竞争的因素，为消费者提供信息。它们为个体消费者构建经济合理性，帮助他们不受到市场上的欺诈、恶习和陷阱的侵害。第三个是德国、日本和英国的"提供信息"模式，旨在协调消费者协会、政府和企业之间的利益。

消费者的诉求在公共机构和企业市场营销部门得到了制度化表述，大大促进了消费者运动在通向现代消费主义的道路上前进。今天，这一概念指的是在商业领域中对消费者个体利益的保护。学者马蒂厄·希尔顿（Matthew Hilton）关于英国的研究和丽萨贝斯·科恩关于美国的研究成果——很遗憾还没有关于法国的研究——表明，以往通过消费者运动来进行调控的消费主义已经被建立在市场选择、竞争和扩张之上的一种新概念所替代。

从推崇消费者义务到保护消费者权益，消费者运动的长期演变过程改变了消费者行动的议程。围绕消费者之责任的社会动员如今已经成为其他运动的主要抗争手段。到了 20 世纪 90 年代，他们通过对消费者的动员活动，找到了可以让全社会更充分地思考由于个人选择所导致的集体无序问题的解决方式。

[①] Michel Wierviorka, *L'État, le patronat et les consommateurs*, Paris, PUF, 1977.

第二章
消费与环保

2003年禽流感危机结束后不久,荷兰各个生态协会联合共同发起了"认养一只小鸡"的倡议。参加该项目的消费者可以花34欧元来认养一只小鸡。作为回报,他们可以通过摄像头看到这些小鸡,然后每个月可以从一家绿色食品商店领取六个鸡蛋。其价格是这家绿色食品商店正常价格的两倍。在一年之内,25000多只小鸡被认养,连锁店里绿色鸡蛋的销量取得了前所未有的增长。

在不同的消费者群体中和不同的国家中,环保意识也有所不同。法国环境研究所(Institut français de l'environnement, IFEN)2005年的调查显示,这方面的行为不仅取决于人们的意识,也受到家庭生活、住所和生活节奏的制约。[1]在法国,垃圾分类和减少能源消耗的做法很常见,但是购买"绿色产品"(绿色农业产品、节能灯泡、简易包装产品)尚处于起步阶段。与之相反,在北欧国家,购买绿色产品却已成为日常习惯。比

---

[1] "Les pratiques environnementales des Français en 2005", *Les dossiers de l'IFEN*, 8, décembre 2007.

如，瑞典每两个消费者中就有一个会购买带有"良好环境选择"（Good Environmental Choice）标识的产品。这些反差显然与环保意识和资讯行动有关：公共机构和社会活动家组织的信息宣传活动，在商品供应中生态标识的使用和企业的支持。

无论是关于保护生物多样性还是尊重环境，围绕环保议题所展开的消费者动员，只是在极少数情况下才会采取上文所提到的形式，最常用的方式还是抵制或择购，即引导消费者选择环保性能有保障的产品和供应商。生态标识或环境标识的使用往往由社会活动组织或非政府组织倡议发起，旨在提醒消费者。粘贴在产品表面的标识属于认证体系，涉及诸多合作方（国家、企业、非政府组织），其中消费者行为体往往是次要的。然而，这些标识的对象是针对消费者，向其指出，这些产品融入了新的道德准则。根据米歇莱提提出的"个体化的集体行动"的概念，[1]致力于这些标识使用的社会运动希望消费者的每一次购买行动都能成为表达对其奋斗目标的支持，并因此获得集体影响力。

环保抵制

抵制(boycott)这个词来源于一个爱尔兰地主的名字：查尔斯·康尼汉姆·博伊科特（Charles Cunnigham Boycott）。1880年，他决定大幅削减农户的工钱，农户们就说服了其雇员不再为之效力。于是，当时的一名记者首次使用Boycott这个词来指代一个社会逐出或排斥行动。这个词只是随后才渐渐地被用于指一个解除经济契约的行为，与阿尔伯特·赫希曼（Albert

---

[1] Michele Micheletti, *Political Virtue and Shopping*, op.cit.

O.Hirschman）[1] 提出的背弃概念类似。

赫希曼在他的著作中介绍了消费者应对企业不当行为的办法。他指出，顾客可以决定不再购买其产品，即选择背弃（退出）的方式，或者通过言语（声音）直接向企业表达他们的不满。"背弃"和"言语"精准概括了市场机制，如同政治生活中机制一样。但其分析的力度在于，他没有将"背弃"归属于经济领域行为和把"言语"界定在政治领域而把两者对立起来；恰恰相反，他建立了一个基于两者相辅并立基础之上的分析模式。从这个角度上看，赫希曼的模式对于用来理解与市场退出相关的政治行动形式倒是很贴切，因为它说明了在市场内的行动和政治空间的行动之间存在很多不同的组合方式。抵制行动正好处于市场和政治的交叉点，因为它更多的是在社会范畴内谴责企业，而不仅仅是在经济上去约束它们。以环保为主题的抵制行动正是如此，它如今已成为全球性抵制活动的几大主题之一。[2] 此后，生态社团以网络形式组织起来，在世界范围内发起了针对生产行为不符合环保标准的跨国企业的抗议活动。1997年4月，十几家社团发动起来，反对销售转基因技术产品的孟山都公司的诸多产品，其中有著名的草甘膦除草剂"农达"（Round up）。[3] 而

---

[1] Albert O.Hirschman, *Face au déclin des entreprises et des institutions*, Paris, Les Éditions ouvrières, 1970, p. 21.

[2] Monroe Friedman, *Consumer Boycotts. Effecting Change through The Marketplace and The Media*, Londres, Routledge, 1999.

[3] 在此只列举以下几个：经济趋势基金会（Fondation on Economic Trends）、纯净食品运动（Pure Food Campaign）、加拿大人理事会（Council of Canadians）、地球之友（Friends of the Earth）、杀虫剂行动网络（Pesticide Action Network）、全球化论坛（Forum sur la Globalisation）、妇女环境问题网络（Women's Environmental Network）。详见 Michele Micheletti, *Political Virtue and Shopping*, op.cit.。

在此一年前,动物保护协会"善待动物协会"(People for Ethical Treatment for Animals)将矛头对准了宝洁公司(PG),呼吁抵制其产品,因为该公司使用动物进行产品试验。生态社团也呼吁抵制木材出口商,谴责他们将澳大利亚的森林置于危险境地。最后,2002年,美国绿色农业产品消费者协会发起了为期十几天的行动"Frankenbuck $ 全球行动日",抵制星巴克公司的产品,因为其生产过程中对乳制品添加了激素和转基因产品。这些著名公司之所以被选中,不仅是因为它们有名,也因为一旦其愿意改变做法将带来同行业竞争者的连锁效应。如今,抵制行动已经成为很多社会抗争组织的行动方式之一。它们数目众多,很难做一个彻底的盘点。"抵制"作为一种谴责行为,又重新与社会及政治逐出(排斥)原则相联系,而这正是19世纪末该词拥有的定义。

环保标识的使用

最早的环保标识诞生于20世纪70年代,出自官方机构的创意。如:1977年德国联邦环境署发起的"蓝色天使"标识,1989年北欧消费部长委员会推出的"北欧白天鹅"标识,还有1991年法国标准协会(AFNOR)使用的"NF环境"标识。除了这批最早的公共环保标识,还有一些企业和社会活动组织的私人行为。1990年的绿色签章标识就是其中最著名的一个。瑞士、德国和奥地利等国家还使用了德米特(Demeter)标识(是对自然界有机农料的最高级别认识单位与标章。——译者注)。

第二批环保标识出现于20世纪90年代,是产业家、出口商和经销商等私人利益与社会活动家,尤其是生态组织的诉求利益合作的产物。他们通常会寻求官方的支持。其特征在于具有国际影响力，着眼于已在世界范围内流通的产品。这个领域最成功的例子是森林产品开发方面的森林管理委员会（Forest Stewardship Council, FSC）和海洋产品捕捞方面的海洋管理委员会（Marine Stewardship Council, MSC）[1]。

森林管理委员会于1993年由世界自然基金会（WWF）、木材进口商、森林工会组织和保护原住民人士联合成立，旨在应对森林砍伐过度和热带森林开发区域生物物种减少等问题。该标识由环保、社会和经济界代表组成的三方机构进行管理。从这一点上看，FSC标识不同于其他由工业家发起的认证体系，如泛欧森林认证标志。后者于1999年成为森林认证体系认可计划（Programme for the Endorsement of Forest Certification, PEFC）。该体系覆盖的地域比FSC多一倍，但是它仅仅联合那些通过认证的企业。在FSC标识体系中，10余条原则和56条标准确定了私人企业开发国家森林的条件，既涉及对当地居民的安置，也涉及劳动者权益、生物多样性保护或种植园的管理。如果森林企业采用了这些标准，即可申请认证，然后接受第三方机构的审计。标准中还规定，在特定条件下，产品中含有一定木材比例的加工企业也可以使用FSC认证标识。这些标准很快获得了发展中国家和新兴国家的支持，他们视之为对抗国际贸易中某些惯例的一种办法。而发达国家方面则通过鼓励公共部门采购这些有认证保障的产品来支持认证体系。

世界自然基金会和跨国企业联合利华于1996年成立了海洋

---

[1] Magnus Boström et Mikael Klintman, *Eco-standards, Product Labelling, and Green Consumerism*, Basingstoke, Palgrave Macmillan, 2008.

管理委员会，作为对已有的渔业公司之间协议的补充，目标是挽救海洋渔业资源减少和海洋生态系统遭受破坏的局面。这些规范国际捕鱼行为的标准建立在经济和环境可持续发展的基础上，采用了各国和国际上对捕鱼的监管措施和对海洋生态系统的保护标准。与森林管理标识一样，该标识有追溯体系来确保使用 MSC 标识的产品有一定比例产自符合其标准的企业。但是 MSC 为获得官方的支持所花的时间比 FSC 要长一些，因为相关国家对于非政府组织管理公共产品的能力总是持怀疑态度。

这些使用标识的做法，通常被视为一种结合了公共和私人多层次主体的新管理方式，但是市场行为主体在实施这些做法的过程中却遭遇了困难。这些做法既不直接源于企业，也不源于消费者协会，而是国际性的非政府环保组织。虽然国家和各种团体予以大力支持，尤其是通过公共采购的方式，然而这些做法却总是缺少一个商业的载体来为公众所了解。比如，直到世界自然基金会在美国和加拿大的家得宝公司（Home Depot）的连锁店门前组织了多次示威游行后，这家大型家居建材用品零售商才成为使用 FSC 标签的大经销商。即使有些公司，如宜家（Ikea）或英国的百安居（B&Q），在标识体系的发展过程中一直持赞成态度，但真要有所行动还需世界自然基金会、绿色和平、地球之友等生态组织向其施压。就连瑞典这样因积极支持环保标准而闻名的国家也不例外。一旦赢得了这些大公司的支持，标识推广者就可以通过消费者向市场施压了。当然，这一过程也不容易。标准中要求限制使用标识的林业产品和渔业产品的数量，有时候导致了供不应求。而消费者往往并不完全了解这些标准的内容。所以这些标识行动所遇到的困难在于，它们是由行动主义者而非商业人士组织开展，而这也突出了它们在市场运作和消费者动员过程中会遇到的障碍。

  这些标识的商业实效并不高，故在改变消费模式中的作用也会受限，但这并不能掩盖其政治潜力。无论是在国家层面（瑞典环境保护协会的良好环境选择标签），还是在国际层面（比如，世界自然基金会的 MSC 和 FSC 标识），许多为此奋斗的组织都在努力通过这些标识，将各自的诉求提上企业和政府的日程。这些团体的目标是保护环境，更确切的是保护森林和海洋渔业资源。而使用标识的做法只是他们多种多样的行动方式中的一种，其他还包括传播活动、请愿和压力集团的游说。唤起消费者的责任意识只是对企业和全球化市场等备受争议的机制额外施压的方式。它还要联系经济手段和政治行动，使重要的活动团体能够与各国及国际上主要公共行为主体进行定期协商。在重新定义公共问题之性质方面，绿色标识的战斗力在生物农业上体现得尤为明显。

绿色农业

  不论在欧洲还是美洲，绿色农业兴起于 20 世纪五六十年代官方鼓励高生产力的密集型农业时期。绿色农业是法国自然与进步协会 (Association Nature et Progrès) 在标识体系出现之前倡议发起的活动。该协会于 1972 年成功发起成立了国际有机农业运动联合会（Ifoam）。今天，该联合会拥有来自 100 多个国家的 600 多个绿色农业组织成员。[①] 它制定了绿色农业的标准：农

[①] 17 家法国社团是国际有机农业运动联盟的成员，其中有绿色食品商店、自然与进步协会和法国国家农业生物技术联合会 (FNAB)。

业作物不受化学处理，也不含转基因成分，土壤依靠天然方式维持肥力，不使用合成的除草剂、杀霉剂和杀虫剂。而且近期以来，它更提倡生产者要尊重人权，创造适宜的劳动条件。

目前，在大多数国家，绿色农业特别受到了持生态保护观的国际组织的推动，它同样也得到了公共行动以及生产销售经过认证的生态产品的私人企业的支持和实践。它脱离了单纯的抗争行动，但仍然还是生态保护运动、消费者运动和生产者运动的一个关键问题。

在法国，生物农业产品带有 AB 标志。这是四大官方产品质量和原产地认证体系之一，另外三个分别是"原产地名称保护"（AOC）、红色标识认证和产品合格证（CCP）认证。它们隶属法国农业部，保证着产品的生产方式尊重生态和生物平衡原则。绿色农业署是专门负责带有 AB 标志的绿色农产品推广的公共机构。近几年来，绿色农产品的销量快速增长，出现了供不应求的情况，以至于法国（还有北欧国家）不得不进口绿色农产品。今天大多数国家都有属于自己的绿色农业官方标识，比如法国的 AB、德国的 Bio-Siegel 和比利时的 Bio-Garantie。这些标识与其他私人或者团体性的标识共存，比如法国的自然与进步标识（Nature et Progrès），瑞士、奥地利和德国的德米特（Demeter）标识及英国的土地联盟认证（Soil Association）。

然而，公共行动的力度无法掩盖公权机构与社团组织及专业人士之间在观念上的分歧。比如，2007 年，欧洲理事会开始着手统一欧盟各国的绿色农业标识，欧盟绿色农业标识从 2009 年 1 月 1 日开始使用。此举遭到法国农业生物技术联合会（FNAB）的强烈反对。该联合会联合了法国地区性绿色农业团体，一直参与农业生产者的活动，跟踪观察绿色农业运动的法规条例和主要政策的实施。但是，绿色农业运动代表的是生产者的利益，它与绿色农业公共政策的利益并不完全吻合。因此，法国农业生物技术联合会对欧洲统一标准的立场非常明确，认为这是法国绿色农业的退步。总的说来，欧盟这项政策在各国的反响并不一致。比如在德国和英国，反响就小得多。因为这两个国家75%以上的绿色农产品是带着由非政府组织管理的私有标识而非公共标识进入市场的，每个标识都有自己的标准细则，因此生产者或活动家反对这个计划的可能性就小得多。

尽管最初生态农业在法国的公共农业行动下被边缘化，但如今它已成为某些意志论主义者行动的对象。如最近在格勒内勒举行的环境协商会议（Grenelle de l'environnement）就发布了一些设想，计划在2010年将法国有效实际农业面积的6%用于绿色农业，将在2020年提高到20%（现在只有2%）。今天，生态农业运动已然是公共和私人领域的共同行动，但支持一个更高生态农业标准的生产者尚未找到可行之计。

法国生态农业的个案也表现出这些源起于社会活动的标识行动逐渐被制度化的机制。今天，法国生态农产品的沟通机制由实施广告行为的企业、生产者组织和由生态署所代表的国家机构共同搭建。但是有些生产者和协会组织希望维护比欧盟规范更严格的生态农业概念。欧盟允许一定程度的转基因成分的存在。他们还争取恢复有官方性质的AB标识的使用，而不让它被欧盟标识所替代。

在这种情况下，以抵购行动为手段的生态农业运动对于消费者理解技术性讨论的能力似乎做出了乐观的假定。在生态农业这个例子中，这一概念最初是用来改变农业生产模式以减小对环境的影响，于是动员消费者的战略就成了双刃剑。我们知道，事实上大多数消费者购买绿色产品不是因为要支持环保等集体目标，而首先是基于个人考虑（有益身体健康[①]）。但无论怎样，生态抗争组织仍然将动员消费者看成是推动其事业发展的最有效途径。法国农业生物技术联合会(FNAB)在2008年11月通过群发邮件发起了一项调查，了解法国消费者对标识体系的期望。此举的首要目的是告知公众欧盟法规的内容，并就此提出质疑。

个体化集体行动的局限性

学者米歇莱提提出，要明确区别政治性的消费者主义行为和其他日常购买消费行为。因为前者超越了产品的物质性，建立在特定的精神和政治价值观念上，而后者的支撑是商标或标识。[②] 与传统的消费研究方法不同，她从政治学角度来诠释消费成为软法规(soft law)的治理和表达空间的能力。在她看来，政治消费主义是公民参与政治的一种特殊方式。这种参与方式可以超越赫希曼所提出的关于公共行动与私人生活二者交替的观点。[③] 因为政治性消费主义通过引导人们购买有利于保护公共财产的产品，把私人投资和公共参与结合在一起。米歇莱提认为，这种参与方式与当代公民参与公共生活的追求是契合的，他们追求更加灵活、建立在社交网络基础上并能够兼顾个人选择与政治的方式。为了理解这些特殊的参与表达方式，她提出

[①] Claire Lamine, *Les Intermittents du bio. Pour une sociologie des choix alimentaires émergents*, Paris, Éditions de la MSH, 2008.

[②] Michele Micheletti, *Political Virtue and Shopping*, op.cit.

[③] Albert O.Hirschman, *Bonheur privé, action publique*, Paris, Fayard, 1982.

了"个体化的集体行动"的概念。该概念可以采取不同的形式，包括参与抗争式或党派组织这样最传统的形式，也有通过个人抵制的表达形式。这些行动的政治意义在于它们创造"亚政治"（sub-politics）条件的能力，即公民直接通过个人日常生活来承担政治责任的能力。在他们看来，标识的构建，尤其是那些市民社会、企业，有时也包括官方机构之间通过专门协议而产生的标识，就是择购的根本方式之一。

现在，这些标识被科学界[1]或政府看成是对环境问题的最基本的回应，因为它们源于消费者责任意识的强化。然而，标识的成功程度也因国别而异：瑞典的"良好环境选择"标识覆盖了50%的瑞典消费者，而法国"NF环境"标识产品只占了3%的市场份额。这些标识对消费者责任意识的强化会根据它们所依托的组织和机构协议类型及其所代表的利益而各有不同。乌尼·约内斯（Unni Kjoernes）、马可·哈维（Mark Harvez）和艾伦·沃德（Alan Warde）关注的是与动物福祉相关的标识，[2]它们在法国发展较差但在英国等其他国家却非常强大。在法国，消费者对此意识不够，生产者甚至说这是对美食文化遗产的妨碍。在这种情况下，很难组织起一场相关主题的社会运动。但在北欧国家，人们对动物福祉问题要积极踊跃得多，非政府组织要求国家直接规范生产者的行为，使其尊重动物遭受的痛苦。在英国和比利时，国家介入的力度比北欧国家小，非政府组织首先面向消费者，提高他们的意识，然后转向企业，提供能使其拥

---

[1] Gert Spaargaren, Arthur Mol et Frederick Buttel, *Environment and global modernity*, Londres, Sage, 2000.

[2] Unni Kjoernes, Mark Harvey et Alan Warde, *Trust in Food. A Comparative and Institutional Analysis*, Basingstoke, Palgrave Macmillan, 2007.

有竞争优势的商品标准。可见，通过在商业领域建立新的标准使公共问题商业化，在国家不够强势的情况下更容易实现。

通过考察国际上标识的使用情况可以看出，完全商业的机制和消费者机制一样，并未起到核心的作用。它们更多的是建立在公私合作的形式之上，由非政府组织提议，而公共政策方面则予以大力支持。这一发现也同样适用国别范围内的标识。米歇莱提对瑞典最大的生态协会下属的"良好环境选择"标识进行了研究。结果显示，单纯的消费者行动不足以支持生态协会的行动，如果消费者仅仅满足于买几件绿色产品而没有深层次地改变他们的消费方式，甚至会起到反作用[1]。这些生态标识显示的更多是非政府组织在商业领域的投入，而不仅是对消费者的调控。

马格纳斯·博斯特拉姆（Magnus Boström）和米克尔·柯林特曼（Mikael Klintman）的研究成果强调指出，通常消费者会缺席关于如 FSC 和 MSC 标识等提示性标识的组织协议过程。[2]虽然这些标识的管理确实是由多个主体共同参与的，但是消费者代表在其中并没有重要的地位。而且在大多数情况下，消费者无法参与关于标识调控方式的讨论。这些标识矛盾地呈现出一种把消费者排除在外的趋势，而不是多方共同协商商品属性的阵地。

今天，环保主题的消费者动员基本上通过择购的行动来实现［择购：buycott，由 buy（购买）和抵制的词根 cott 组成，即用选择性购买的方式来进行抵制的意思。——主编注］。该策略

---

[1] Michele Micheletti, *Political Virtue and Shopping*, op.cit.
[2] Magnus Boström et Mikael Klintman, *Eco-standards*, op.cit.

强调的是消费者在对环境有负面影响的生产系统或市场体系维持中承担的集体和个人责任，如森林砍伐、海洋资源枯竭和杀虫剂的过度使用。这一策略取代了20世纪70年代生态组织的抵制或动物保护的呼吁行动，那些行动呼吁人们不消费某些含有如鲸鱼或海豹脂肪的产品。抵制策略的前提是，制造商采取合作态度，标明产品中含有某些成分，而且消费者要有较强的能力来鉴别这些成分。择购策略的前提是，既然社会无法完全不使用某些产品，与其让这些产品消失，还不如进行整顿规范和调控。当然，这样的做法并不能涉及所有的环保行动。择购行动被很好地用于反对森林砍伐，但是对其他像某些动物物种消失的情况却不太合适。因此它往往是对抗争组织其他努力的补充。

　　如果说环保标识的目的仅是通过深层次改变消费习惯来强化消费者的责任意识，那么这一目标只能部分实现，而且只能在生态意识很强的瑞士、德国或北欧等国家和地区实现。以上这种观点源于两个根本性错误：单纯从经济和商业角度考虑择购行为，且事先假定文化层面已存在一定的敏感意识。与之相反，最新的研究成果显示，当这些生态标识出现的努力过程中达成了有组织性和制度性的协议，并使除消费者以外的其他主体参与进来，那努力就是有效的。当一国的抗争组织得到公共主体的支持，并且将其为之奋斗的目标置于公共问题中心的时候，这种情况就出现了。在企业、政党或公共机构内部出现了对环保问题有高度责任意识的主体，这就有利于国家级标识或者是国际性标识的投入使用。于是市场上带标识的产品将越来越多（如，有40多种不同类别的产品使用了德国蓝色天使或北欧白天鹅的标识，近20种使用了法国NF环境标准），所以消费者更容易接受标识。国际性标识的发展依托的是同样的机制，并要求国家层面公共主体的投入，尤其是通过公共采购的方式。但并非所有产品都以同样的方式适应这种需求，例如这一策略在木材领域就比在渔业领域更容易实施。此外，无一例外地，产品供给要能够应对可能发生的需求扩大的情况。目前法国就出现了这个问题，官方决定通过学校食堂来支持绿色农产品，但是却遇到了供应不足的实际问题。

择购行动的有效性不能只通过商业评估（通过市场份额）来确定，因为这一抗争工具通常只是包括动员宣传和进行游说在内的各种斗争工具之一。个体化的集体行动看起来更像是各种协会开展的说服消费者参与斗争的巧辩，而不像是一种深层次地革新公共行动的特殊参与方式。

第三章
消费与社会不公正

维护社会公正是最早的消费者动员之核心内容。20世纪初，消费者联盟发起的白色清单和标识行动的目的就是揭露某些服装厂让儿童和妇女在恶劣条件下工作的"血汗工厂"行径。当时，美国的工会还发起了主要以抵制行动为主的消费者动员，试图唤起消费者对于产品生产者劳动条件和社会权利的责任意识。此后的20世纪30年代，一些争取民权的协会的活动也面向消费者，特别是黑人消费者，号召他们行使自己的经济权利，拒绝购买不雇用黑人的工厂生产的产品；或者相反，呼吁他们到黑人协会组织"有色商人联盟"（CMA）的独立商店购物。

今天，替代全球化运动揭露了全球化商品体系给弱势经济行为体带来的消极后果，如小原材料生产商以及发展中国家和发达国家的贫苦劳动者。纳奥米·克莱因（Naomi Klein）在他21世纪初出版的作品《无标志》中，讲述了一个世纪以前美国消费者总联盟的魅力领导人弗洛伦斯·凯利（Florence Kelly）的奋斗历程，她在服装生产车间做调查进行曝光并制定黑名单，其中有向发达国家供货的大体育品牌工厂里的工人劳动条件的深入调查。① 这一社会公正计划带动了公平贸易的发展。公平贸易希望将边缘化的生产者重新融入到特有的商业循环中，以确保他们有公平的收入并能分享经济和社会发展的成果。② 每一次，发达国家的消费者都受到触动，关注起由于地理距离和文化原因而被忽视的现实，并承担起反对这种不公平制度的责任。正是基于这样的目标，1997年，几个社会运动组织网络发起了抵制耐克产品的号召，抗议该跨国企业位于发展中国家的供应商生产车间不遵守劳动法的行为。这次号召使用了跨国企业的公关技术，以耐克公司的标语(just do it)作为抵制的口号，显示出这些运动在市场的核心反对市场的愿望。而择购战略也有同样的意愿。

消费者声援劳动者

与第一章中消费者联盟行动同时期进行的，还有美国工会组织的消费者动员行动。但是与前者不同的是，相比于让消费者参与商业体系调控，他们更注重把难以在工厂有效组织起来的抗争活动扩大到市场。消费者被看成是工会斗争的盟友或者资源。最早的全国性大规模抵制行动是在19世纪末由劳动骑士协会（Knignts of Labor）组织的，但在组织罢工时遇到了困难。在工会看来，抵制行动变成了用消费主题行动作为在生产领域进行抗争活动的补充行动。出现于19世纪80年代的美国劳动者总工会（AFL），通过公布对工人实行不公平社会待遇的企业

---

① Naomi Klein, *No Logo*, Paris, Babel, 2002.
② Laura Raynolds, *Consumer Producer Links in Fair Trade Coffee Networks*, Sociologia Ruralis, 42(4), 2002, pp. 404–424.

黑名单，系统化地诠释了这个原则。因此，工会组织将抵制行动作为包括静坐、发传单、静立、游行、罢工和民权拒服从等一系列行动方式之一，以便从工人、其他工会、其他社会运动和消费者中争取到更多成员。

全国性的工会组织逐渐减少了抵制的呼吁，首先是因为大企业都把应对抵制行动放在了首要位置，其次因为要求增加工资的罢工组织起来更容易也更有效。但是，与劳动者斗争相结合的抵制行动却从未彻底消失，一个很好的例子就是20世纪60年代著名的餐桌葡萄抵制行动。这是后来加利福尼亚地区季节性农业工人工会组织的前身。今天，美国劳动者总工会-工业组织代表大会（American Federation of Labor-Congress of Industrial Organization，AFL-CIO 即劳联-产联）在网站上发布所支持的抵制清单，成为这些活动的重要支持力量。

在法国，工会对抵制这个武器使用较少。然而，有些社会行动明确地寻求建立消费者和工人之间的互助共济。21世纪初，法国左翼积极分子发起了针对达能集团（Danone）的抵制号召，他们曝光达能公司将在利润可观的情况下仍然裁员570人。这是法国首次使用互联网动员的抵制行动，至少有三家网站相继投入活动。达能集团对首先参加活动的两家网站的司法起诉反而增加了这次抵制活动的知名度。

如今，发达国家不断地将生产企业迁移到发展中国家，大大改变了关于劳动者不公平待遇的质疑形式。企业将此视为躲避社会运动对其生产活动关注的一种方式。20世纪80年代末，美国消费者总联盟发起了几场运动，揭露在一些对劳动者权益保护不力的国家"血汗工厂"数量激增的现象。发起者们主要从美国校园里吸收大学生，学生们通过"无血汗工厂运动"向大学当局施压,让学校实施校服供应商行为规范。其他一些组织,例如工人权利联合会(Worker Rights Consortium),同时还致力于谴责某些大公司的行为,比如耐克。有些通常由人权保护组织发起的运动则重新定位了自己的行动方向,将问题全球化,目标人群锁定为所有发达国家的消费者。其中,如"干净衣物运动",甚至发展成了一场国际性的运动。该运动发起于2001年,源于人权人士乔纳·柏瑞蒂(Jonah Peretti)向耐克公司发送的挑战邮件。21世纪初,耐克公司的一家网站推出由消费者自主设计鞋子的活动。乔纳·柏瑞蒂很高兴能抓住这个机会,用耐克公司自己的公关手段来对付它,于是就订购了一双写着"血汗工厂"字样的鞋子。[1] 接下来,柏瑞蒂与耐克公司之间通过邮件进行了联系和沟通,但是耐克拒绝回应他提出的要求。柏瑞蒂在回复中引用论据,反对耐克产品的生产商使用童工。他将这些信件发送给了几个朋友,而这些朋友又把信件大范围地传播出去。柏瑞蒂收到超过3000份要求提供信息的邮件回复。大众媒体开始关注这一"与耐克血汗工厂的通信"。法国报纸《解放报》也对此事件专门发文报道。

"干净衣物运动"和"无血汗运动"联合了几家积极倡导公平贸易的抗争团体,依靠这场网络运动使得全世界网友了解到在发展中国家制衣车间里遵守劳动权利的诉求,尤其是童工现象。国际网络则集中了各个国际互助协会、工会、消费者运

---

[1] Jonah Peretti, "The Nike Sweatshop Email: Political Consumerism, Internet and Culture Jamming", dans Michele Micheletti, Andreas Follesdal et Dietlind Stolle(eds), *Politics, Products and Markets. Exploring Political Consumerism Past and Present*, New Brunswick (N.J.), Transactions publishers, 2004, pp. 127–142.

动和大众教育类协会。来自不同国家的 100 个分支组织也加入这一行列。在法国，该运动采用了与在运动中扮演传播角色的"伦理标签协会"（Éthique sur l'étiquette, ESE，根据企业对社会责任的履行程度，打出伦理分级值）[1]的组织结构相关的特殊形式。1995 年，各公平贸易协会联合成立的世界工匠联合会（Fédération Artisans du Monde）发起了一场名为"解放你的服装"的运动，引起广泛的媒体关注；随后，"伦理标签协会"于 1996 年成立。除世界工匠联合会以外，它还汇集了其他劳工组织、非政府组织和消费者协会，共同推动世界各地的服装、体育用品和玩具企业的供应商和分包商尊重劳动者人权。

有些运动希望让发达国家的消费者关注发展中国家贫苦劳动者的劳动条件。他们依靠传统的人权运动抗争方式，即消费者义愤的力量，致力于在社会公正和消费选择之间建立直接的因果联系。比如：就某些目标行业的企业的社会表现发布报告，如玩具或运动服饰等，曝光其不道德的生产行为，然后制定企业黑名单。参考标准有：社会公正和劳动权利方面的承诺、实施措施和透明度。曾有人设想使用伦理标签，但是因为很难建立完美的行业上下游追溯体系而失败。企业很快对此做出反应并改变了生产行为，有时使得抗争组织发布的信息过时。比如在美国，越来越多的企业出台了行为规章和规范，展示了他们良好的意愿和一些难以核实的举措。

围绕着社会公正议题的消费者动员还具有不确定性，使用标签的努力也有带来片面道德保障的社会行动的风险。公平贸

---

[1] Pauline Barraud de Lagerie, "Quel consumérisme politique pour promouvoir la responsabilité sociale des entreprises?", *Revue internationale de gestion*, 31(2), 2006, pp. 119–125.

易不愿成为提升企业全部社会行为的工具,并不能真正依靠择购行动来发动其成员。大多数的行动,如媒介活动和游说施压活动,首先面向公共舆论和政治行为主体。它们只能动员一部分消费者,比如像美国大学生那样拥有良好的教育和文化背景而且已经投身于这些运动的群体。

公平贸易

与商界的合作是能够让消费者进一步了解公平贸易行动的不可忽略的工具。

公平贸易组织将该行动的起源追溯到 20 世纪 40-70 年代,当时出现了一系列相互间几乎没有联系、基本上是受到基督教启发的尝试。1946 年,美国新教孟诺派教会成立了自助方舟协会(Self Help Crafts)和"一万村庄"商店(Ten Thousand Villages)。他们与波多黎各共同推出发展计划,销售其制作的手工艺品。1949 年,全球最大的国际反贫困非政府组织之一的乐施会(Oxfam)慈善商店,在英国销售由中国香港的避难者所制作的手工艺品。此外,1969 年,荷兰成立了第一家专门公平进口第三世界国家产品的采购联合会(SOS Wereldhandel),1971 年又出现了第一家专门销售源于公平贸易产品的商店。

今天的公平贸易运动表明了重新定义更为公平的、避免出于救助和施舍的商业行为之意愿。1974 年,第一家"世界工匠"商店在巴黎开业。它源于两派理念的分化:一派是来自艾玛育斯公司(Emmaüs)的法国公平贸易运动历史的创始者,他们赞成慈善理念和温和模式;另一派则支持政治化倾向。在这一运动的推动下，出现了很多商店。其中有20余家于1981年联合加入了世界工匠联合会，将来自非洲、拉丁美洲和亚洲的生产者生产的产品信息和销售活动连接起来。当时，世界工匠联合会与法国及国外其他公平贸易组织建立了联系。

这种国内国际的联系发展了20世纪80年代末和整个90年代的合作空间，公平贸易的原则得以形式化，参与主体得到认可。一系列具有代表性的体系逐渐出现，直到今天还定义着被广泛认可的公平贸易框架。1990年，欧洲的大进口商成立了欧洲公平贸易协会（EFAT），起草了共同的原则。根据这些原则，任何一件由其团体成员——［如德国的吉帕组织（Gepa）、比利时和英国的乐施会、法国的世界互助协会（Solidar'Monde）——］进口的商品，可以通过每个专业商店网络（法国的世界工匠商店或是比利时的世界商店）被认证为公平贸易产品。同样，1989年成立的国际公平贸易协会（IFAT）汇聚了发达国家的商业人士和发展中国家的生产者群体。1994年，欧洲世界工厂网络（NEWS）组织成立。它联合了欧洲主要的公平贸易专业商店网络。最后，法国公平贸易平台（PFCE）于1997年成立，目标是阐述公平贸易的共同原则并制定参与者认可程序。该平台还有另一个任务，即在各会员之间分配由（法国）外交部为支持国际发展所拨付的专项补助。

同一时期，另一条公平贸易的途径也被打开了。它依托的不是世界工匠协会所宣称的产业融合，而是产品标识。1988年，为国际互助协会（Solidaridad）工作的经济学家尼克·诺森（Nico Roozen）和在墨西哥瓦哈卡（Oxaca）地区农民中传教的工人神甫弗兰斯·范·戴尔霍夫（Frans Van Der Hoff）二人在荷兰创立了马克斯·哈弗拉尔（Max Havelaar）协会[1]。该协会的目标是发展公平贸易的销量，使其超过当时进口商和商店等专门网络的销售量。为此，马克斯·哈弗拉尔协会采取了商业活动授权的战略，将进口、加工（比如焙炒）和市场投放这些任务委托给传统公平贸易主体之外的进口商、企业家和经销商。在这种情况下，确定公平贸易的标准就势在必然了。马克斯·哈弗拉尔协会并不掌控商业交易，因此需要在事后检查一系列原则是否得到很好的遵守。只有遵守这些标准的进口商或企业家才能获得转让权，并获许在产品上加盖有马克斯·哈弗拉尔质量保证的标识；而作为交换，协会可以获得一笔转让费和从销售收入中抽取的提成。

继荷兰的经验之后，20 世纪 90 年代，欧洲其他国家的类似社团问世。它们有的采用马克斯·哈弗拉尔这个名称，如 1992 年在法国；有的则采用其他名称，如德国和意大利的交易之间协会（Transfair）和英国的公平贸易协会（Fairtrade）。但它们都使用了一样的会标（logo）。1997 年，这些社团联合起来，组建了公平贸易标识组织国际联合会（FLO）。今天，各国有 20 多家组织依靠该联合会的标识体系并使用其会标。在此框架下，从形式上确立公平贸易标准的工作也得以展开。

---

[1] 爱德华－杜维斯·德克尔（Eduard Douwes Dekker）同名小说的男主角。作者使用了笔名 Multatuli（拉丁语，意为"我很痛苦"）。该小说 1860 年在荷兰出版，广为人知。在小说中，马克斯·哈弗拉尔揭露了荷兰殖民地爪哇岛上农民们所遭受的不公正待遇。《马克斯·哈弗拉尔》以法文出版：Multatuli, *Max Havelaar*, trad.fr., Arles, Actes Sud, 2003. Voir Nico Roozen et Frans Van Der Hoff, *L'Aventure du commerce é quitable. Une alternative à la mondialisation*. Par les fondateurs de Max Havelaar, Paris, Jean-Claude Lattès, 2002。

今天，世界工匠协会和马克斯·哈弗拉尔协会（Max Havelaar）在公平贸易领域体现着两种不同的体系，第一种被称为"专业化"体系，第二种是"标识化"体系。如果说在大多数西方国家标识化体系居于主导地位，而在法国专业化体系仍然很重要。

公平贸易的目的是促进发展。[1] 它致力于帮助那些因为规模小、受到歧视或缺少资源而被国际贸易边缘化的生产者和劳动者组织，将他们融入享有不同类型保障的专项商业循环中。第一种保障是价格，即价格不按照全球市场价格来确定，而需要考虑生产者的生活和劳动条件。如果全球市场价格上涨，超过了保护价，生产者就能享受涨价带来的利益；同时，如果市价下跌，生产者也享有最低保护价。第二种保障是长期的商业关系：生产者可以要求进口商先支付订单预付款，这样他们可以明确产品的销路并拥有充足的资金来进行生产投资。

生产者享有各种保障，但也需要履行组织条件和生产条件方面的责任和义务。生产者团体或合作社的管理要透明、民主，这就要求组织全体大会和董事会。选择工人代表的模式和雇用条件须符合劳动者的权利，而生产方式则倾向于考虑环境问题。在后一点上，公平贸易标识组织国际联合会向国际有机农业运动联盟（Ifoam）看齐，以便使公平贸易的标准与绿色农业标准相兼容。此外，生产者团体承诺将一部分公平贸易所获报酬的盈余投资于共同项目。这些投资可以是经济性质的（买卡车、建加工厂），也可以是社会服务性质的（学校、医院、健康服务、

---

[1] Ronan Le Velly, "Le commerce équitable : des échanges marchands contre et dans le marché", *Revue française de sociologie*, 42(2), 2006, pp. 319–322.

紧急救助基金）。重要的是，决策须由所有组织成员以民主的方式决定。从这个角度来看，公平贸易计划需要生产者以合作社或团体的形式组织起来，然后自行决定其投资的性质。

另外，这种在公平贸易体系内部各行业之间的相互承诺是以关于发达国家消费者的一个基本假设为前提的。发展中国家的生产者和发达国家的消费者之间的地理距离被认为是导致发展中国家生产者遭受经济发展不平衡和社会不公正的最主要原因。因此公平贸易的行为主体竭尽全力向消费者告知发展中国家生产者的生活和工作条件。他们将信息贴在产品上，张贴在商店里，或是借公共游行的机会散发。这是通过建立发达国家消费者和发展中国家生产者之间的互助共济关系来促进发展。消费者愿意额外支付的价格象征着这种互助关系。但此项关系并不只表现在这方面，因为在大多数公平贸易促进者们开展的大众教育活动中，它也是一项展示内容。

公平贸易及其参与者的定义，还有专业化或标识化体系行为之间的协调，都是很关键的问题。为了解决这些问题，法国马克斯·哈弗拉尔协会以及专业化体系的行为体于1997年聚会于公平贸易平台。但很快，这一平台上的气氛就变得紧张。1999年，一个叫明加（Minga）的竞争平台正式创建，从公平贸易平台挖走了不少成员，包括进口商安第斯（Andines）和阿兹慕（Azimuts）。在这一分化背景下，产生了深受社会互助经济观念启发的法国公平贸易的第三条路径。明加组建了一个富有战斗力、接近于替代当代全球化运动理念的网络。2006年，它宣称拥有近100家成员，大多为从事进口或销售的小企业。这一路径与历史上形成的两大组织模式不一样。区别之处在于它不依靠志愿行动，而是试图将公平贸易与其他社会运动结合起来，如法国的农民运动。在这些不同的组织模式背后还隐藏着一定的争议，导致人们无法将公平贸易视为一个同定义的行业。

有两个重要的分歧存在着。

第一个争议是关于商业化的选择和需要推动的商业模式。马克斯·哈弗拉尔协会在 2002 年选择与大经销商签订合同，让他们销售带其标识的产品；而世界工匠联合会选择保留独立商店的模式；明加则站在替代全球化运动的一边，反对法国大经销商的行为。对此协会而言，这一选择是具有政治意义的。因为这样可以在大范围的消费者群体中推广公平贸易的产品；同时也是出于经济考虑，因为协会的商业模式是建立在销售回本之上的。反对在大型超市销售的人提出的理由是，这些销售体的行为不具有公平性。

第二个争论集中在公平贸易体系的政治经济学特点方面，所以他们要保持独立性。世界工匠联合会和马克斯·哈弗拉尔协会的运行中都有很大一部分是志愿服务。明加则相反。他们给生产者的额外部分不是通过志愿服务来补偿的，而是认为公平贸易的经济模式应该建立在包括从生产者到经销环节的工人在内的所有参与方进行利润分成的基础上。

社会公正的商品化

伦理贸易和公平贸易有着明显反差。在伦理贸易中，标识的使用很难实行，而且会因为企业间的有限合作而失败。其行动通常由人权团体的社会抗争活动来组织，无法动员消费者来参加择购行为，因为它们无法提供保障体系。这些体系需要打入企业内部核心，分析发包人和分包商或供应商之间的合同关系，了解发展中国家在劳动权利方面司法、法律和行为习惯的不同。由于企业间缺乏合作，协会的运动就无法使用市场手段，如环保规范或标识。相反，经济行为体则善于建设一个社会质量的鉴定市场，从而促进了很多私企的发展。这些私企向企业出售并认证处理与发展中国家分包商关系的良好行为指南。而抗争组织并不涉及此类咨询活动。ISO质量体系建立了一套商议程序，将非政府组织和消费者协会、企业和工会联系起来，但是它也未能成功地出台备受期待的ISO 26000标准。此外，公共行动也没有响应抗争组织的运动，无法像在环保主题上那样，将社会品质的原则提上日程。

而公平贸易则能够发展多种可以组织消费者择购行动的市场手段。公平贸易标识组织国际联合会（FLO）认证体系和马克斯·哈弗拉尔标识这两个私人体系，是今天世界标识体系的中流砥柱，致力于保障消费者所购产品能够促进被边缘化的小生产者享受到更公平的经济和更公正的社会。这一进步必然与承载它的社会运动的特殊性有关，即植根于天主教社会派、慈善行为和公共发展援助。这些协会很早就名正言顺地以专家的名义帮助发展中国家的生产者等弱势群体，希望能将他们纳入发展的轨道。在这种情况下，进入市场和消费者的支持被视为帮助薄利的全球贸易体系中被边缘化的发展中国家的生产者的办法。市场不再是道德贸易中的受到诟病的机制，而是发展中国家经济主体走出边缘化和贫穷的一种出路。另外，这一行动不追求改变市场上所有的行为，而是创建专门的、相互分离的系列程序，只有这些程序能够被监控和保障。因此，由于缺乏企业合作而无法实施对企业监控的道德贸易所遇到的追溯体系方面的困难，在公平贸易中就从局部上消除了，因为抗争组织曾经投入过发展援助。往往正是这些协会组织为生产者组织的成立做出了贡献。它们向其提供技术支持，方便公平贸易的产品投向市场，现在也负责认证审计。另外，这些协会经常也像世界工匠联合会那样拥有商店网络，可以保证产品销路，同时强化消费者意识。就像我们在上一章中所注意到的，择购行动不能与其他活动方式分离开来。我们回到之前的想法，即个体化的集体行动需要做好很重要的沟通交流工作，因为公平贸易行为主体通过如"我们在此购买，改变他者异地生活"，或"更正确的公平贸易的钥匙掌握在我们手里"（马克斯·哈弗拉尔协会）等宣传口号所做的沟通工作，能很明显地体现个体化的集体行动的价值。它能够告诉消费者，他们的政治力量存在于个人选择的累积中。换句话说，不是他们的个人行动天生具有集体行动的影响，而是公平贸易行为主体的抗争工作在个人选择和集体行动的可能性之间建立了联系。

虽然公平贸易的商品化相对是成功的，这可以通过2006年马克斯·哈弗拉尔协会提供的数据——平均每个法国人每年在公平贸易上的投入大约是3欧元——来证明，但是这不能掩盖其在制度化道路上遇到的困难。围绕公平贸易的公共调控行动由来已久。从1998年开始，欧洲议会和欧洲委员会就向欧盟委员会提出就公平贸易进行欧洲层面的协调，使这一活动能够融入欧盟现有政策。他们认为，公平贸易可以成为欧洲向发展中国家提供发展援助的一种公共行动手段。跟欧洲其他国家一样，法国也在寻求规范这些活动。法国一开始就选择了商品化的道路，同时让行政主体发挥模范消费者的角色。政府鼓励公共主体参与公平贸易并于2004年修改了公共市场法规，提供了根据伦理理由来选择供应商的可能。

但是，直到2001年，规划调控公平贸易的行动才开始。官方受到消费者协会关于这些商业模式能够提供何种保障的质询，法国社会经济事务部际委员会（Délégation interministérielle pour l'économie sociale, DIES）委托法国标准协会（Afnor）制定公平贸易调控标准。很快，参加会议的各方人士就表现出不冷不热的反应。历史上的公平贸易行动体和公平贸易平台持保留意见，将此举视为对公平贸易标识组织国际联合会或国际公平贸易协会等国际性组织推行的一系列措施的清盘。新参与主体则从中看到了发展其他可能性的机会。在三年的时间里，法国标准协会的行动遭遇各主体意见分歧，不得不逐渐缩小目标，从认可的标准到试行标准，最后只有一堆不会被发行的文件资料集。事实上，公平贸易平台反对标准发布的理由是，其中没有最低保障价格这个概念，它尤其批评开放市场将给所有参与者（从生产者到经销商）带来的风险。2006年1月，一个以Afnor AC X50-340命名的关于公平贸易的协定发布。它重新采用了历史上的公平贸易行动主体所定义的公平贸易原则：一个公平贸易的运营商是"以盈利或非盈利为目的、参与至少一项公平贸易原则的实施过程却不以此为主要经营活动的法人"。这一定义重新采用了2005年8月2日中小企业立法投票时通过的关于公平贸易的修正案中所包含的要素。这项修正案中除了对公平贸易做了简单的定义之外，还计划建立国家公平贸易委员会，负责认定遵守公平贸易标准的自然人或法人。

大约两年以后，2007年5月16日，该法律决定出台，但到年底即被撤销，理由是行文含糊不清且内容不完整。因此，历史上的公平贸易行动主体、法国马克斯·哈弗拉尔协会和世界工匠联合会继续向政府施压，促使这些公平贸易的标准向它们的定义靠拢。虽然没有获得法国标准协会委员会成员的一致认可，2005年春，还是起草了公平贸易文件资料集。但是法国马克斯·哈弗拉尔协会和世界工匠联合会将其中的定义视为"减价的公平贸易"。在它们的压力下，当时标准事务的部际代表一直没有批准此文件。

争取社会公正的斗争与上一章讲到的环保努力形成鲜明对比。两者都采用了择购手段，但是前者需要找到办法实行无需企业合作的标识制度。这一问题很难被公众关注，虽然他们是为贫穷国家供应商的工人们争取劳动权利保护而要求公共调控。其原因有如下几点。

首先，今天环保协会在与公共或私人主体谈判中所具有的专业能力与在被认为是各国工会组织专长的社会公正领域是不可相提并论的。如果说环保协会能够凸显超越偶发临时事件反应的能力，而且还具备了设立集体议题的能力，但在社会公平领域却并不如此。它需要与国家劳动权利的立法配套进行，并且需要当地工会组织的参与。另外，童工问题等情况很难脱离每个国家，甚至每个地区的具体情况来处理，因为它们受到家庭收入结构的影响。

其次，社会公正问题意味着需要了解企业和供应商之间的合同关系的细节。在环保领域，协会们使用指数，比如污染物排放率或是减少生物多样性的措施等，将自身行动与消费者动员联系起来。关于环境的可持续发展指数比社会公正领域要多得多，而且传播广泛。此外，在环保方面强化消费者责任的有效办法也很多，而这些办法只部分存在于社会公正领域。在这种斗争类型里，消费者动员不过是一系列更多元的抗争方式中的一个。在接下来的两章里我们将会考察市场之外的动员方式，其中吸纳消费者的问题显得更为核心。

第四章
抵制大众消费

对于消费的批评一直伴随着消费自身的发展。从17世纪开始，支持现代商业时代来临的最早的销售和广告技术一出现，就受到了主张禁欲主义的宗教运动的反对，将其视为中产阶级解放的企图，因为市场是中产阶级最重要的政治投资场所。[1]此后，在20世纪30年代，社会的批评声主要是针对商人的权势，出现了一系列抵制生活必需品的行动。

20世纪50到70年代是对消费进行批评的重要时期，得到了社会科学界的支持，发表了包括马尔库塞(Marcuse)和法兰克福学派的作品在内的大量作品，[2]揭露主导文化的操控形式。伴随着对消费的批评也产生了一些抗拒大众消费的团体，比如嬉皮士和垮掉的一代。

---

[1] Daniel Horowitz, *The Morality of Spending: Attitudes Toward The Consumer Society in America, 1875–1940*, Baltimore (Md.), The Johns Hopkins University Press, 1985.

[2] Theodore Adorno et Max Horkheimer, *La Dialectique de la raison*, Paris, Gallimard, 1974; Herbert Marcuse, *L'Homme unidimensionnel, essai sur l'idéologie de la société industrielle avancée*, Paris, Minuit, 1968.

从 20 世纪 90 年代初开始，替代全球化运动的人士通过质疑跨国企业的权势，以及由市场全球化所引发的经济和社会无秩序，重新展开了对于大众消费的批评。许多示威游行和替代峰会集会（contre-sommets）引发了对此问题的强烈反响，并清楚地展现出支持形式的多样化。然而，在这些大型集体动员活动之外，如今还发展起来一些更分散的抵抗形式，他们揭露商业社会的操控性，批评广告的力量和抨击增长的意识状态观。

与商业行为抗争

20 世纪初，当肉类产品卡特尔开始重塑供货组织和销售网络时，北美一些大城市[①]成了抵制肉类品的行动舞台，引发了屠宰企业的罢工和商家对肉类价格的上调。在芝加哥，有些抵制行动是由屠宰工厂的工会组织发起。相反，在纽约肉类抵制行动则是组织性较差的大众行动成功的典型案例。这些行动通过人与人的接触而开展，"女性反牛肉托拉斯协会"（Ladie's Anti-Beef Trust Association）等女性团体有时候通过一家一户的走访来争取她们邻居的支持。1935 年，在洛杉矶当地两个家庭妇女团体的号召下，洛杉矶和南加州的家庭妇女联盟（Housewives League of Los Angeles and Southern California）以及反对高生活成本联合会议（the United Conference against the High Cost of Living）的上万名女性行动起来抵制肉品店。与早期的抵制行动不同的是，这些行动有着全国层面上的协调。动员

[①] Paula Hyman, "Immigrant Women And Consumer Protest: The New York City Kosher Meat Boycott of 1902", *American Jewish History*, 70, 1980, pp. 9–105.

行动也同样对美国几个城市的议员提出了质询。各种抵制行动有助于形成一种反对市场的抗议行为传统,把商家、中间商或是"中间人"视为导致价格上涨的主要负责方。"二战"之后,反对肉类价格上涨的运动①更多是由工会和合作社运动组织的。从20世纪60年代开始,它们都纷纷具备了全国性的规模。不过,美国商业的增长和细化,食品种类的增多,全国消费者兴趣的不确定性,这一切逐渐成为组织大型反对价格上涨抵制行动的障碍,进而制约了这些社会抗议形式。

美国并不是唯一的大型抵制食品行动发生的舞台。在瑞典,这一传统从20世纪初就随着著名的"麦淇淋战争"开始了。当时瑞典两大主要的麦淇淋生产厂商决定取消之前给予瑞典合作社联盟的折扣优惠,②而该联盟是普通工人家庭的主要采购地。由几家合作社发起的抵制呼吁得到了大规模的社会响应,导致麦淇淋生产厂商联盟的解体。瑞典另一场大规模抵制行动于1972年由女性发起,为了抗议奶肉价格上涨,组织了一场有6000人参与的游行,最后以对牛奶价格的立法而告终。③ 在同一时期的法国则往往是由当地的消费者协会委员会号召抵制,而针对目标则是商家。也有一些全国性的号召紧扣保护购买力这一主题。斗争由当时正迅猛发展的消费主义协会发起,如

---

① 有"一起与通胀作战"(Fight Inflation Together)、"加利福尼亚公民行动"(California Citizen Action)、"美国消费者在一起"(American Consumer Together)等组织。
② Michele Micheletti, *Political Virtue and Shopping*, op.cit., p.45.
③ Michele Micheletti, "Why More Women? Issues of Gender and Political Consumerism," dans Michele Micheletti, Andreas Follesdal et Dietlind Stolle(eds), *Politics, Products and Markets*, op.cit., pp. 245-264.

1973年"大众家庭协会全国联合会"发起的"3-6-9"①行动。在其他一些主题活动中,比如维护产品品质和消费者安全的活动,消费者协会也逐渐开始使用抵制的办法。1996年疯牛病危机最为严重之际,法国消费者联合会(UFC)号召抵制可能含有牛明胶的英国产品。最近的抵制活动针对的是移动电话运营商,他们被指责使用不正当的价格。

在国际层面上,对于商业运行的质疑所引发的抵制行动受到诸多媒体的强烈关注。其中最重要的一场抵制行动发生在20世纪70年代初,针对的是雀巢集团,当时数家跨国公司希望将婴儿奶粉的市场开拓到非洲和亚洲。②很多社会运动团体向联合国指出,在无法保障卫生和饮用水条件的国家使用奶粉存在着导致儿童患病和死亡的风险。1974年,一个致力于帮助贫穷国家发展的天主教社团协会——儿童配方行动联盟(Infant Formula Action Coalition, Infact),发起了抵制雀巢集团产品的呼吁。呼吁很快得到国际性团体国际婴儿食品行动网络(Baby Food Action Network, Ibfan)的响应。两年后,国际上达成一致意见,通过出台公司行为准则来规范母乳替代产品市场。但是,如果把这一结果完全归功于抵制行动也是不客观的,还应该归功于一致同意要警惕在贫穷国家使用奶粉的医学界的动员,以及联合国儿童基金会和世界卫生组织的共同努力。另外,这一成功仅仅是相对的,因为其成果在各国法律中的落实过程遇到了困难,国际婴儿食品行动网络只好在1988年重新发起抵制呼吁,直到20年后也仍然在进行。

---

① 活动呼吁消费者3天不吃肉,6天不吃水果,9天不喝瓶装水,以抗议昂贵的生活。

② Michele Micheletti, *Political Virtue and Shopping*, op.cit.

近来，竞争法这一主题成为 1996 年由道德高地组织（Moral High Grounds）发起的抵制微软公司产品系列行动的核心。该组织谴责微软滥用市场主导优势地位，在电脑中植入自己的操作系统而剥夺了消费者选择的机会。在其他抵制行动中也存在着这类动机，如亚马逊公司试图将一键购物模式申请专利而引发的对其抵制的行动，还有美国唱片业协会因起诉在网上一对一免费交换音乐文件的纳普斯特（Napster）网站而受到的抵制。

消费者之抵抗运动

抗拒商业文化

市场已不再是商业抗拒文化表达诉求的唯一阵地，它可以采用个人或集体抵抗的新颖形式，燃烧者狂欢节[①] 就是一个例子。从 20 世纪 80 年代末开始，这项反对消费主义的活动每年都在美国内华达州举行。以加利福尼亚人为主的数千名参加者，来到一个由木材和霓虹灯组成、象征一个受大火洗礼之人的巨大雕塑周围的空地上，进行为期一周的露营活动。在这一周里，参加者要反省他们曾经购买过但本可不买的产品；活动结束时，燃烧者雕塑会被摧毁。该活动希望能够聚集那些抗议企业市场营销行为和改变墨守成规的人们。以此为目的，商标、评语或标识等商业逻辑被排除在狂欢节活动之外，替之以其他的交换

---

① Robert Kozinets, "Can Consumers Escape the Market? Emancipatory Illuminations from Burning Man," *Journal of Consumer Research*, 29 (1), 2002, pp. 20–28.

形式。①

　　市场营销研究人员对抗拒消费者的文化行为抱有浓厚兴趣，说明这些抵抗活动有改变商业行为的明显潜力。不同的市场主体发现并研究着这些抵抗运动，而企业也开发专门针对这些群体的新产品。20 世纪 70 年代，耐克通过在领导团队内部加入一些运动员，表现出其相对于大众消费的"叛逆"定位，从而稳固了在运动鞋市场上的地位。②但是这些反正统的文化并非总是愿意与企业合作，它们构建在能够引发新一轮社会运动的批评和抵抗之上。③

规范化的抵抗运动

　　人们不可能凭经验去辨识消费者的一般性抗议行为，如不再购买对环境有负面影响的产品，因为这些行为具有无穷的多样性。有些消费者只购买当季蔬菜和水果，以避免长距离运输这些产品，或者不再支持温室生产。有些人拒绝过度包装，有些人不再使用私家车而只乘坐公交，有些人为了拒绝大规模的广告攻势而不再收看电视，有些人使用肥皂果或可洗尿布，还有些人为了支持再就业只去旧货市场而不再买新衣服。这些行为不单纯是出于环保意识，也有着各自经济或道德的动机（比方支持某位当地的生产者或商人）。由于难以统计，这里只能通过对这些集体行动加以规范来了解它们。协会组织的定位可以

---

① Sarah Thornton, *Club Cultures: Music, Media and Subcultural Capital*, Lebanon (N.H.), University Press of New England, 1996.

② Vince Carducci, "The Aura of the Brand," *Radical Society*, 30 (4), 2003, pp.29–50.

③ Yiannis Gabriel et Tim Lang, *The Unmanageable Consumer*, Londres, Sage, 2006.

是多种多样的。有些采取了民权拒从（la désobeissance civile）的方式，比如极简生活者协会（Freegans）[①]或者四驱汽车的反对团体，它们采用了典型的城市类行为。极简生活者协会汇集了一批行动主义者，他们想要证明发达社会的消费者购买的食品过量，超过他们的消耗能力，而最后只能一扔了之。该运动起源于美国，近几年也在法国发展起来。协会成员们组织清理垃圾箱和未使用产品（指包装完整的产品和未过期的食品）回收活动，然后利用这些食品为参与者准备一份套餐。还有人制作了该行动的视频，放到了互联网上。社团的组织工作能宣传各种当地的行动，也可以从法律和实践两个层面来定义参与协会活动的条件。该活动原创和诙谐的特点有助于协会活动得到媒体的关注，包括在黄金时段的电视报道里播出。

反对四驱车的运动也源于美国。一些抗争团体瞄准了悍马越野车。这是一款按照军车改制的大型车。他们在车身上贴满标签或信息，告知车主这辆车的二氧化碳排放率非常高。4月22日还被该组织定为全国行动日，以联合全国所有希望加入反悍马运动的各类团体。这一运动获得很多不同类型团体的支持，如反汽车和生态主义团体，还有女性主义运动与和平主义者运动团体。成员们可以在互联网上找到材料，如传单、T恤或标语等。在法国，就有一个名叫"放气者"的类似行动团体（les Dégonfleurs），专门与大城市里的四驱车作对。他们使用标准化的操作手法在晚上行动。依靠互联网传播的技术，任何一个支持者甚至是没有加入团体的人都可以学会这种快速给轮胎放气

[①] Freegans的成员崇尚不购物（包括食品）、不开车、不买房，甚至不上班，尽可能不消耗资源，依靠极为有限的资源生活。——译注

而不损坏车辆的手法。

然而，反抗行动并不一直都是采用民权拒从的组织模式，有时候，用消费者的方式可以击破大众市场的专业人士试图给他们布下的陷阱。在法国，消费行动协会（Action Consommation）提出一种相对原创的工作方法，需要有对经济运行规律的良好认知，以此来揭露企业的行为和经济活动中公共调控的不足。到了2001年，"征收金融交易税以援助公民协会"（ATTAC）的三位成员韦罗尼克·加莱（Veronique Gallais）、亚纳·菲耶韦（Yann Fievet）和莫里斯·弗朗克（Maurice Fraenkek）创立了消费行动协会。他们想把消费问题置于替代全球化议题讨论的核心，但是遇到了诸多困难，于是决定成立一个独立的协会组织。在一些核心活跃分子带动下，这一组织在2007年聚集了100多名成员，经常同时活跃在不同的行动网络中，如生态保护、经济降增运动、替代全球化运动、社会和互助经济、公平贸易及大众教育。

尽管规模不大，该协会如今在上述活动网络中还是享有一定知名度。因为它拥有强有力的专业鉴定能力，还有统计供成员在大众市场外交换物品的组织和地点的能力。它在消费抗议的大环境里具有独特的地位，因为它所提供的行动方式很特别，正位于个人承诺和集体行动的结合处。事实上，消费行动协会所采用的行动方式很多样。主要有三个方面：对消费者的教育、消费者参与替代常规市场的其他交易形式和参加抗议活动的动员。每位成员可以选择自己的投入程度，或是依靠协会的资源和信息来管理自己的购物行为，或是参加集体性的协会行动，如游行或宣传。

1986年发起于意大利普拉（Bra）的慢食运动（Slow Food）

从另一个不同的角度出发,同样是在具备对于食品市场良好的专业认证条件下,向消费者提供了多样的参与方式。该运动的创始人是卡尔洛·佩特里尼(Carlo Petrini),它得到了厨师和美食批评家们的支持,其目标是提醒公众反对口味趋同和地方美食文化的消失。该运动致力于通过多样化和缓慢的进食,即慢食,来保护这一财富。慢食概念立刻在法国、美国、德国和瑞士传播开来。该网络的运行依靠数个分支结构,其中基础结构是"丰宴会"(convivium,意大利语叫 condotte)的地方分会,它组织各种活动,比如美食品尝会、去生产地参观或是主题晚餐。"丰宴会"的各分会(约有 800 个,汇集了来自 40 个国家的 8 万名会员[1])与各国的慢食运动组织,乃至所有世界性的慢食运动组织形成了网络。"丰宴会"的国际联系使之可以对每样地方产品交换信息和知识。运动成员们反对食品的千篇一律,他们不像是行动主义者,反倒像是美食评论家。

1996 年,慢食运动开展了"味食方舟"项目,对濒临消亡的传统食品进行编目。参与该项目的有研究人员、美食家和生产者,覆盖了传统美食的方方面面。该项目的一个重要内容就是成立了保护生物多样性的慢食运动基金会,向在各个领域内(科研、农业、畜牧业和商业)为保护食品的生物多样性做出贡献的人们颁发慢食运动奖以示表彰。运动发起人与法国经济降增运动领导人塞尔日·拉图什(Serge Latouche)并肩作战,使得慢食运动向政治性消费运动靠拢。二者的靠拢也扩大了慢食运动的抗争基础,从一开始主要得到知识分子或上层人士的支

---

[1] Mara Miele et Jonathan Murdoch, "Slow Food," dans George Ritzer (ed), *McDonaldization the Reader*, Thousand Oaks (Calif), Pine Forge Press, 2001.

持逐渐发展为受到中产阶级的广泛支持,都是具有良好教育背景的人士。

这些形形色色的运动都享有一定的知名度,大多属于在国内知名,而慢食运动却在国际知名。媒体给予的关注要远远多于它们所代表的抗争大众。通常因为它们的行动形式富有原创性,比如在放胎气团体或极简生活者协会的活动中;或因为它们具有很强的专业鉴定性,比方说,慢食运动对食品文化财产的了解,消费行动协会则带来关于食品辐射等具有高度技术性的知识;而针对反广告运动活动者的诉讼,吸引了媒体对于反消费主义新型动员的关注。

反广告运动

反广告运动传统部分起源于一些早期的行动,即20世纪80年代发生在美国西海岸的"文化反堵运动"(culture jamming)。这一运动[1]的成员们想方设法篡改广告讯息或者是大公司以及非政府组织的网站。文化反堵者们通过揭露跨国企业对儿童或贫困工人的剥削和其造成的环境恶化,将品牌政策背后隐藏的秘密公之于众。[2]这些运动也提供其他的选择,在广告猎人(Adbusters)网站上推广尊重环境和社会权利的产品。另外,这些团体组织了具有国际影响力的游行活动。如"收回街道运动"(Reclaim Street),希望给予无名人群被广告所剥夺的公共发言权和创造性表达权。他们还组织了一些全球性的宣传造势运动,

---

[1] 包括"负面阵地"(Negativland)、"广告牌解放战线"(Billboard Liberation Front)和"说'是'者"(The Yes Men)。

[2] Vince Carducci, "Culture Jamming. A Sociological Perspective," *Journal of Consumer Culture*, 6 (1), 2006, pp. 116–138.

比如由传媒基金会（Media Foundation）发起的"无购物日"（Buy Nothing Day）。[1] 构成运动基层的是一些既有运动（比如女性主义运动、社会公平或生态保护运动）的个人参与者，这些团体形成了松散的个人网络，但是通过论坛讨论、发送列表、网站等形式密切跟踪行动进展，有时候还与艺术创作或广告创意界保持紧密的联系。

如果说盎格鲁－萨格森国家的运动启发了一些反广告活动的积极分子，在法国这些活动则取得了独特的发展。这要归功于如今已成为该运动的全国重要人物的个别行动分子的特殊努力。法国有很多反广告团体，比如"反广告入侵"（RAP）、"法国风景""广告破坏者""神圣购物教会""反广告特警队"（BAP）和"拆螺栓自愿者组织"（Deboulonneurs）。[2] 反广告抗议最初都是一些孤立的举动，逐渐地被纳入到集体行动框架内，形成了有组织的模式。

1992年，媒体校对员伊旺·格拉迪斯（Yvan Gradis）成立了反广告入侵协会。其行动的核心内容是在公共场合定期组织游行或突发活动，如在影院放映厅播出广告时起哄喧哗。通过由他本人编辑的报纸《发表者》，格拉迪斯给予拥护者们话语权，奠定了公共场合反广告行动的基调，使其他抗争活动者也可以效仿。反对广告入侵的抗议活动采取的形式既有个人抵抗（拒绝产品广告单或不看广告牌），也有民权拒从行动（如损坏

---

[1] Joseph Rumbo, "Consumer Resistance in a World of Advertising Clutter: The Case of Adbusters," *Psychology and Marketing*, 19（2）, 2002, pp.127-148.

[2] Sophie Dubuisson-Quellier et Julien Barrier, "Protester contre le marché : du geste individuel à l'action collective. Le cas du mouvement antipublicitaire," *Revue française de science politique*, 54（2）, 2007, pp. 209-237.

广告载体）。同一时期也出现了其他反广告团体，如 1992 年 2 月文学教授让-皮埃尔·德拉乌斯（Jean-Pierre Delahousse）在格勒诺布尔创立的法国风景协会。该协会反对与消费社会相关的视觉污染形式。1999 年，环保主义者、前广告人樊尚·谢内（Vincent Cheynet）受英美文化反堵运动启发，在里昂成立了广告破坏者协会。它同时还发行《反经济增长报》和《广告破坏者》杂志，通过篡改广告讯息来揭露其中的意识形态，支持反消费主义和生态保护主义。其成员来自各个领域，有文化领域的学生和教授，有社会运动、工会运动和生态保护运动的长期参与者，还有左派天主教徒或无政府主义者。他们从中找到了对于个人担忧或其早期斗争的回应。

21 世纪初，反广告运动取得了长足的发展，其吸纳新成员的能力和媒体关注度获得了前所未有的增长。在新会长托马斯·盖雷（Thomas Guéret）的推动下，反广告入侵协会采取了更加面向机构主体和媒体的行动路线。[①] 该运动与为其提供成员和话语支持的女性主义运动、生态保护运动和反全球化运动等建立了更紧密的联系。反广告运动的行动方式范围宽广。个人小举动可以让每个人将抗议行动落实到日常行为中去。反广告团体也会组织集体性的行动。从 2003 年秋开始，一些十多人组成的小团体集合起来，把反广告的宣传口号张贴到地铁海报上。这些行动逐渐突破了反广告入侵协会的范围而直接由支持者来实施。这些行动名为"停止广告行动"，事先计划好并在小范围内有控制地传播，看起来就像是真正的突击队行动。

[①] 2005 年，"反广告侵略"协会有 800 名成员，"广告破坏者"报纸有 42000 份发行量。

这些行动在 2003 年秋的巴黎地铁里达到了高潮。它们发动了数百人参与活动,其中很多人都是松散的会员,甚至完全不是反广告协会或其他协会组织的成员。数百名参与者是被朋友或熟人直接动员来的。62 个人在这些明目张胆的不法行为之后被问话,并遭到巴黎独立运输公司负责广告业务的铁路巴士部的起诉。这起案件使此类活动暂停,却并不意味着民权拒从行动的结束。从 2005 年开始,这些活动又重新开始。

此时,运动的社会学特征发生了变化。大多数参加活动的人都来自其他团体,如征收金融交易税以援助公民协会、经济降增运动和生态保护团体。这并非是抗争活动走向激进化,而更多是严格规范多个团体联合行动的准职业化。例如,受到很多协会和同类媒体支持的"不带名牌返校""无购物日""无电视周"等行动,在街头进行、事先设计好情节的"扔掉广告单"行动,还有反对被谴责的通过广告业务获取资金支持的巴黎自行车自助租用(Velib)的行动,都是属于这种情况。

该运动当中,有支持运动制度化(简单而清晰的诉求、集体行动、开放公共讨论)的一派,也有认为反广告行动应首先是个人匿名抵抗的另一派。这两派并不完全互相排斥,但二者之间的关系紧张,互相对立。反广告运动的领导人参与了格勒纳勒环境对策会议(Grenelle de l'environnement),表现出该抗议运动在某些政治领域得到倾听的能力。尤其是反广告入侵协会的会员争取到将两大原则纳入新型管理形式的工作结论中。一是更严格地规范广告行为、限制滥用环境理由的原则;二是专业机构共同监管的原则,即由广告核查办公室(BVP)发展而来的广告职业监管处(ARPP)和其他利益相关团体(尤其是消费者团体和环保协会)来实施。2008 年 4 月,广告职业监管处和官方签订了一份关于广告生态责任的宪章。

经济降增运动

经济降增运动是新近才出现的，但是要求停止过度消费或无用消费的行动却由来已久。它们扎根于18世纪英国的清教节欲主义观念[1]，并在当时的社会运动中有所体现。19世纪20年代，在关于自由产品（指非奴隶生产的产品——译者注）的社会动员中，有些抗争者走上了自我禁欲的道路，认为拒绝一切消费才是反对奴隶制最有效的方法。[2] 这种禁欲主义也是一些宗教团体成立的基础，比如摩门教或阿米什派，他们拒绝屈服于消费社会的诱惑，仍然过着19世纪的生活。所以通过节制和禁欲的方式来反对消费已不再新鲜和独特。然而，经济降增运动却与众不同，因为它不是为了自身或是一些冠冕堂皇的理由才拒绝消费，而是反对以消费为主要动力的经济发展观念。经济降增运动人士希望与资本主义增长模式划清界限，推崇经济降增的原则，认为这才是唯一能够保障人类活动的环境、社会和经济可持续发展的路径。

这些运动在世界各地有多种多样的表现形式，英美国家有自愿朴素运动，法国和意大利有经济降增运动。[3]

---

[1] Colin Campbell, *The Romantic Ethic and the Spirit of Modern Consumerism*, Oxford, Blackwell, 1987.

[2] Lawrence B.Glickman, "Through the Medium of Their Pockets," art.cité.

[3] Agathe Eyriolles, *Les Sens de la décroissance. Filiations et transmissions entre la France et l'Italie*, mémoire de master de sociologie politique, codirigé par Nonna Mayer et Marc Lazar, Paris, Sciences Po, 2007.

自愿朴素运动

朴素生活的原则在很多宗教团体中都处于核心地位,如北美的孟诺派、公谊会和阿米什派。生态斗士杜安·埃尔金(Duane Elgin)在他的作品《自愿朴素:一种推动个人和社会更新的生态生活方式》(Voluntary Simplicity : An Ecological Lifestyle That Promotes Personal and Social Renewal)中就阐述了自愿朴素运动在哲学和实践两个层面上的依据。[1] 他强调人类活动带来的环境风险。该作品在北美的生态保护团体中获得了较大反响。1997年,塞西尔·安德鲁斯(Cecile Andrews)在《朴素的循环:回归美好生活》(The Circle of Simplicity: Return to the Good Life)[2] 一书中进一步发展了朴素循环的观点,即组成6到10人不等的小团体互帮互助,以简化生活方式。[3] 她提出两个目标:减少消费和减少工作时间及收入。

经济学家、波士顿学院教授和推广负责任消费的新美国梦协会(A New American Dream)办公室成员朱丽叶·斯格尔(Juliet Schor)在1998年出版的作品中[4] 认为,20%的美国人在"走下坡路"(Downshifters)。[5] 美国自愿朴素运动主要吸引的是受

---

[1] Duane Elgin, *Voluntary Simplicity : An Ecological Lifestyle That Promotes Persona and Social Renewal*, Toronto, New York (N.Y.), Bantam Books, 1982.

[2] Cecile Andrews, *The Circle of Simplicity: Return to the Good Life*, New York (N.Y.), Harper Collins Publishers, 1997.

[3] Amitai Etzioni, "Volontary Simplicity: Characterization, Select Psychological Implications, and Societal Consequences," *Journal of Economic Psychology*, 19, 1998, pp. 619–643.

[4] Juliet Schor, *The Overspent American: Upscaling, Downshifting, and the New Consumer*, New York (N.Y.), Basic Books, 1998.

[5] Downshifting 字面意思是"调低档速",对应减少消费的观念。

过良好教育的中产阶级消费者。参与者们的个人背景与此运动获得发展的魁北克、澳大利亚和英国等地一致。

由于这些运动与当地网络紧密联系，依靠邻里或社区难以产生除了唤醒消费者个人意识以外的其他东西。它们唤醒个人责任意识的方式有利于在经济界重新发起关于运动主题的讨论。它们的提议也会导致集体性的退出行为，尤其是那些注重个人行为的环保主义者，因而无法围绕新的政治和社会导向去动员机构或者集体的参与。与动员个人消费者的其他努力一样，自愿朴素运动很难确定能够走向集体行动的框架，这与法国的经济降增运动不同。

法国经济降增运动：从抗争意识到政治参与

与英美国家相比，在法国，经济降增运动与知识分子的联系更加紧密。该运动受到了20世纪初罗马尼亚经济学家尼古拉·乔治斯库－罗根（Nicolas Georgescu-Roegen）观点的启发。他的主要作品《熵定律和经济进程》于1971年出版。[①] 作者立足于热力学定律和熵定律，指出科技进步导致自然资源消耗的绝对增长，但是自然资源的总量却是有限的，因此发展方式无法永恒，所以人类想要生存只能以经济活动衰退为代价。其他研究成果也深刻地影响了经济降增思潮，如雅克·埃吕尔（Jacques Ellul）、拉日·拉内马（Rajid Rahnema）和伊万·伊利舍（Ivan Illitch）等人的研究成果。[②]

---

① Nicolas Georgescu-Roegen, *The Entropy Law and the Economic Process*, Cambridge (Mass.), Harvard University Press, 1971.
② Rajid Rahnema, *Quand la misère chasse la pauvreté*, Paris, Fayard, 2003; Ivan Illitch, *La Convivialité*, Paris, Seuil,1973; Jacques Ellul, *Le Système technicien*, Paris, Calmann-Lévy, 1977.

准确来说，经济学家塞尔日·拉图什（Serge Latouche）正是受到这些不同研究成果的启发，在20世纪80年代末提出了"发展之后"的概念，由此引出经济衰退的原则，并质疑技术性发展的神秘源头。对于这一流派的支持者来说，发展的概念是无止境的物质积累的根源，导致个人的去社会化和去属地化。该运动智囊团——可持续经济降增研究院提出的衰退概念明确放弃了增长和发展的理想，取而代之的是一个全面衰退的原则，也唯有它能够使人类应对环境（气候变暖与资源枯竭）、社会（不公平加剧）和政治（统治者与被统治者的决裂）等威胁其生存的风险。伴随这些理论思考的，还有不同的对策在《经济降增》（*La décroissance*）[①]或《行动年代》（*L'Age de faire*）[②]等出版物或网站发表。它们提倡以节制为原则的生活模式：直接从生产者手中购买食品，买二手的衣服和设备，寻找生态产品（可洗尿布、以肥皂果等天然产品制成的洗涤剂），优先使用环保的出行方式（步行、骑自行车或乘坐公共交通），寻求以人情为基础的娱乐方式而非商业旅行。

尽管有着共同的知识背景以及在生活模式上有一定的趋同，经济降增运动在寻求集体性和政治性解决方案时却出现了分歧。一派希望定位于选举体系边缘，质疑代议制民主原则和党派机制；而另一派认为经济降增运动唯一可行的途径就是政治行动。2007年总统大选之际，如果能推出一名经济降增运动的候选人参与竞选，将正好是讨论这一议题的良好契机。在这一设想下，2005年10月在里昂召开了公平降增三级会议（Les

---

[①] www.ladecroissance.net.

[②] www.lagedefaire.org.

États généraux de la décroissance équitable, EGDE），召集了反广告、反消费、替代全球化、生态组织和工会等多个团体。但是，350名与会者却无法就候选人和竞选纲领的内容达成一致，候选人包括皮埃尔·拉比（Pierre Rabhi）、保罗·阿里耶斯（Paul Ariès）和若泽·博韦（José Bové）。事实上，这一活动的参与者里，既有经济降增运动最热诚的支持者，也有更接近可持续发展观（即增长）的拥护者。这次三级会议的一个结果是，2006年，樊尚·谢内（Vincent Cheynet）布鲁诺·克莱芒坦（Bruno Clémentin）和伊夫·斯卡维内（Yves Scaviner）不顾塞尔日·拉图什和保罗·阿里耶斯的反对意见，成立了经济降增党（Parti pour la décroissance，PPLD）。

在个人行为和政治行动之间，经济降增运动也促进了大型联盟网络的建设，其运行就像是一种社会实验室。"为了发展之后反对增长者网络"（Le réseau des objecteurs de croissance pour l'après-développement，ROCADe）联合了国际上希望与经济发展理念决裂的组织和个人，其中包括农民协会、取代全球化人士、生态保护人士、参与具体替代性方案的人士、国际团结协会、环保协会和知识分子。这基本上是一个分享和传播经济降增原则之具体经验的地方。

经济降增运动的网络很分散，往往与那些更为制度化的抗争团体（比如生态保护人士，甚至某些绿党成员）有着紧密联系，但却具有很强的吸纳成员能力和社会空间的可视性。这是因为他们采用了一系列多元的行动方式，其中"旨在降增的行走"活动起着改变信仰的重要作用。今天，经济降增是一场引发尖锐讨论的社会运动，无论是在政党尤其是绿党内部，还是在再次质疑议会制民主模式的征收金融交易税以援助公民协会的地方组织里。依靠塞尔日·拉图什的个人和学术关系网，这一运动也引起了政界和企业主的兴趣，如今运动在意大利也传播开来。

　　消费者抵抗运动的行动主义是既活跃又分散且极不稳定的。它通过团体组织形成一些约束性很差的参与方式，吸纳的成员主要是有良好教育和文化背景的中产阶级人士和知识分子。由于跟教育界联系紧密，这些运动建立了关于经济和商业运行的另类认证形式。他们向支持者提供多样的行动方式，从私人或家庭领域内通过可替代的或简朴的消费行为来表现普通个人的抵抗，到进入公共生活和制度化的谈判空间。比如，反广告运动者在格勒纳勒环保会议中，甚至是在党派，如经济降增运动党或绿党内部的活动中。这些运动也发展出了团体行动（反广告涂鸦或是旨在降增的行走活动），展现了质疑派的标志。现在，媒体、官方、企业和政党都很难去确定这场它们所无法完全忽略的运动范围。企业在广告张贴方面采取了反广告派的传播方式，试图夺回自己的领地，某些政党则公开表露对经济降增运动观点的怀疑。总体上，今天社会交锋的阵地越来越多。可以说，这些运动促进了消费规范向更高程度发展，并且影响了关于广告操控的学说。但是它们同时遇到了两大障碍：一是它们分散的基础成员群体和网状的组织模式，难以使人对其有明确的了解；二是这些运动在确定框架定位方面表现软弱，无法围绕确切的，可谈判的共同诉求联合起来。

第五章
构建取代市场的替代选择

合作社运动是以规避市场为目标发展起来的。在英国，它公开表示，希望能发明一种既不是公共行动又不是市场主导的财富分配方式。在法国和日本，它反对常有欺诈、不公和造假嫌疑的商人的权力。合作社既要提供质量过硬的产品，又要引导消费者理性购物。这些观点是当代消费合作社的活力所在。这些合作社还保留着替代性商品流通的想法，其支撑是商店和被选中的生产商为承担环境或社会责任而签订的专门合约，不管是绿色食品商店还是卡米夫家具家居用品店（Camif），其理念都是供给有保障的产品。

从20世纪90年代以来，在消费者合作社之外又发展起来其他的替代交易形式，围绕着集体目标来动员消费者和更大范围的公民，其活动领域也是多样的（法国和美国的拼车体系、自由软件社区等）。我们在这里特别要讨论的是食品领域。

此类活动与另类全球化运动、生态保护、大众教育或社会团结经济等领域的组织网络的关系体现了质疑性，而且它们大量使用这些组织的主张。另外，它们所采用的交易方式往往具有展示意义,能指出并论证其他可能性,使它们成为真正意义上的行动方式。此外,参与其中的消费者也可以被超出消费范畴的更广泛的抗议行动所动员,将消费变成行动空间和潜在吸纳成员的空间。

可以看到,存在两种不同类型的替代性交易体系:一种源于社会团结经济;另一种建立在消费者和生产者的直接合作关系上。这些体系的独特性在于,在经济关系的组织当中引入了一种新的消费者管理方式。

源于社会互助经济的替代性交易体系

社会经济是介于国家再分配财富和市场分配财富之间的第三条道路,由协会、合作社和互助会所组成。与它配合使用的"互助"一词,强调了个人应处于经济机制的核心地位,最重要的目标是地方发展、再就业和反对边缘化。如今,社会互助经济不仅是一个严格的意识形态框架,更是一整套由旨在创造就业、维持就业和共享资源、反对惯常商业运行的专门协会所采取的经济行为。

再就业菜园

再就业菜园是源于社会互助经济的交易体系的独特例证。在法国,科卡涅菜园网络(Jardins de Cocagne)[①]致力于从经济

[①] 还有其他通过蔬菜种植但没有被认证为生态农业的实现再就业的网络。比如,在巴黎大区就有三家网络提供此类再就业的办法。它们是巴黎大区弗纳尔协会(Fnars)、花园种子协会(Graines de jardins)和工地学校网络(Chantier école)。这些组织在巴黎大区就业园地团体内部相互配合,尤其是在处理与当地政府关系的时候。

上让被边缘化的人群重新融入社会，委托他们打理菜园，所产蔬菜则卖给希望从经济上支持这一创举的协会会员消费者。第一家此类菜园在 1991 年成立于沙勒泽尔（Chalezeule）（弗朗什-孔泰地区，Franche-Comte），创办者是一家再就业协会，该协会希望其就业促进措施更为多样化。2006 年，科卡涅菜园网络联合了分散在法国各地的 75 家菜园。每一家都接收 50 多人，帮他们实现再就业，并为 300 户家庭每周提供一篮蔬菜。由于再就业菜园网络与绿色农业的紧密关系，它也成为唤起对农业问题和对推广环保型小规模农业意识的场所。科卡涅菜园网络一开始并没有以生态保护或绿色农业为己任。消费者认为，接受该体系的约束（随机的质量和数量、固定日期送货）表明了他们对于该体系的参与，但几乎没有人觉得自己在菜园的组织或管理中负有责任。因此，倡导人认为，消费者会员投入不足是该体系的局限性。

如果说商品对于互助菜园网络的组织者来说是次要的，因为他们的活动更多是围绕就业问题，但是在消费者会员的参与动机中却居第一位。消费看起来成为了动员消费者反对边缘化成员的吸纳空间。在很多这样的组织里，存在着组织者与消费者在抗争目标上的脱节，就像我们即将从地方交易体系或是生产者和消费者的地方合同上所看到的那样。

地方交易体系（SEL）

地方交易体系首先是在英美国家发展起来的，被称为"地方交换贸易体系"（LETS）。它们致力于通过创造一种社会货币来组织资源的互换。这一原则早在 19 世纪就体现在罗伯特·欧文的理论里。他关于劳动所（bourse du travail）的研究就是希望取消货币媒介，以工作换工作。我们也能从西尔维奥·格塞尔（Sylvio Gesell）[1]的社会货币概念，更确切地说是从"可熔货币"的概念中找到这个原则，即货币一旦不流通就会贬值的原则。

地方交换贸易体系是20世纪80年代从加拿大发展起来的，一个定居在加拿大不列颠哥伦比亚省的英国人迈克尔·林顿（Michael Linton）使之形成体系。地方交换贸易体系是以其自有的货币单位运行的交易体系，它同时建立在网络内部成员的合作和令其只受成员控制的自主监管之上。会员们根据他们的能力和社会阶层来交换产品，尤其是服务。他们所选择的交易货币单位可以参照或者等价于国家货币（比如使用单位劳动生产时间），有时候也可以采用某种货币的名称（比如英国某些地方交换贸易体系使用先令）。每个体系还可以使用更加完善的方式，允许有信贷，即在挣钱之前先花钱的可能性。当等价性被主动暂停的时候，也有团结互助形式。估计现在全世界大概有几千个地方交换贸易体系（约3000个，50万名个人成员）。它们分布在加拿大、美国、英国、澳大利亚以及拉美和日本。地方交换贸易体系不仅质疑货币的商业化运行，更质疑货币的分配和流通方式，后者才是导致失业和不稳定的根源。它们仍然是商业体系，因为它们使用多个团体间消费货币兼容原则。[2]这种地方组织的方式既可以控制资源配置和流通，也有利于发展团结互助形式的地方团体。事实上，货币使地方交换贸易体

---

[1] Sylvio Gesell, *The Natural Economic Order*, Londres, P.Owen, 1958.

[2] Jérôme Blanc, Cyrille Ferraton et Gilles Malandrin, "Les systèmes d'échange local (SEL): une manifestation de l'économie solidaire?", dans Élisabeth Dacheux et Jean-Louis Laville (dir.), "Économie solidaire et démocratie," Hermès, 36, 2003, pp.91–99.

系之间的交易得以进行。

地方交易体系（SEL）则不然。其组织结构更封闭，也不允许团体之间有货币等价，团体间只能进行互帮互助和友好往来[1]。法国第一个地方交易体系于1994年组建于米尔普瓦（Mirepoix）（位于阿列日省，Ariège）。一群新农村人和生态保护人士决定借鉴英美的地方交换贸易体系，建立一个不需要钱的贸易体系。媒体对此很快有了反响。该运动从乡村起源，然后发展到城市和城市周边，在经济和社会遭受困难的地区发展起来。第二家地方交易体系在1995年成立于圣康丁昂伊夫利纳地区（Saint-Quentin-en-Yvelines）。该团体采用了每个人在一个开放网络中根据自身财力、能力和时间来交换商品的理念。该体系的运行就像是交易所，每个人提出自己能给予或所需要的服务（遛狗、请求帮忙修补房子、互换蔬菜、提供手工编织课程或英语课程）。在地方交易体系组织的一些形式多样的社交活动（吃饭、鸡尾酒会、讨论等）中，供求双方通过直接接触来完成配对。等值性由双方自行协商确定，交换服务时使用对等时间，但是不同的地方交易体系使用的等值单位名称不同（总体上都称为盐，有时候也叫种子、卵石或瓶塞）。每个会员有一个账本，地方交易体系的会计在上面记录每次交易，以便之后补偿先前交易的差额和偿还获得的借贷。因此，不需要每次交易都达到平衡，有些社团也设想互助的形式。据估算，法国约有350个地方交易体系组织和3万名成员。关于地方交易体系的研究强调指出，这种团体具有一定的脆弱性，它们的成员怀有不同的期

---

[1] Jérôme Blanc, *Exclusion et liens financiers. Monnaies sociales*, Paris, Economica, 2006.

望，有对市场的社会批判，也有服务交换目的。[1] 组织者需要保持一定的警惕性，来排除那些特别容易欠人服务的、首要目的是来寻找廉价服务的成员，或是那些把该体系当成掩饰黑市行为的成员。对这些组织的社会学研究表明，其中有大量中产阶级参与，[2] 然而该体系一开始面向的只是生活不稳定、社会状态脆弱的人群。这个情况也表现出地方交易体系的矛盾性。虽然它们主要是建立在劳动批评的基础上，但是却优待有工作或是受过良好教育的人。由于成员与反边缘化的诉求间只有间接的联系，这些团体在组织集体行动时就会碰到困难。

地方交易体系在各地也有不同的形式。20世纪90年代中期的意大利就出现了时间银行，可以在时间均等的基础上用劳动换劳动。此类行动的目标人群和主要动力来源是女性，她们可以通过相互之间交换劳动来完成各种家务活而实现就业。比如，请人帮忙照看孩子，以便抽出时间去找工作。由于提出的都是解决实际问题的办法，时间银行逐渐被市镇改造成为社会行动的手段。于是它们脱离了社会运动领域，失去了在女性家庭时间非商业价值方面的关键作用力。

这些不同的经验表明，社会互助经济为组织替代性经济交易提供了独特新颖的框架，却始终没有使之成为真正的行动主义阵地。

---

[1] Géraldine Guillat, "Le système d'échange local : une communauté fragile", *Sociologies pratiques*, 9, 2004.

[2] Catherine Lenzi, *Travail, genre et engagement dans les SEL. Réflexions sur l'autonomie de l'individu à partir d'une variante de l'économie solidaire, thèse de sociologie*, Université de Versailles-Saint-Quentin-en-Yvelines, 2007.

生产者和消费者间的直接贸易体系

生产者和消费者间的直接销售体系在 20 世纪 90 年代得到巨大发展，其中大部分是由各种运动组织发起的。他们从中看到了维护多种不同目标的途径：因为产品的运输量减少，所以能够保护环境；还能保护小规模和地区性的农业（对于大农场农业而言）和环保行为。这些运动通常有一个假定，即生产者和消费者的空间距离小，有利于产生互助共济关系，并激发更关注道德的行为。这些运动的政治意义在于：消费者个人选择对于环境和社会公正产生着集体影响，它们能够激发消费者在这方面的责任感。

英美国家的农庄市场

生产者市场（与转卖商市场相对立）也被称为农庄市场，20 世纪 90 年代初在大多数发达国家取得了飞速发展。1995 年英国几乎还没有一个农庄市场，到 20 世纪 90 年代末的时候数目已经超过 270 个，还形成了一个全国性的网络。[1] 同一时期，美国农庄市场的数量（20 世纪 60 年代有 100 多个）从 1700 个增长到 2900 个；[2] 某些农庄市场甚至全国闻名，如麦迪逊（威斯康辛州）的丹县农夫市场（Dan County Farmers' market）。

农庄市场的复兴是由质疑并希望改变生产者和消费者毫无联系的大众农产品霸权体系的活动组织直接推动的。在美国，20 世纪 70 年代的反传统文化运动有效地推动了农庄市场的再

---

[1] Lewis Holloway and Moya Kneafsey, *Geographies of Rural Cultures and Societies*, Londres, Ashgate, 2004.

[2] Jules Pretty, *Agriculture: Reconnecting People, Land and Nature*, Londres, Earthscan, 2002.

度兴起。然后由环保运动接力，希望同时在乡村和城市发展此类市场，①来支持被认为对环境影响更小的小规模家庭农业。在英国，土地协会（Soil Association）是促进建立农庄市场全国联合会（NAFM）的积极力量。但不管怎样，随着这一现象的发展，运动的宏伟目标却逐渐萎缩。农庄市场一旦建立就以扩大生产者和消费者的基础而告终，超出了运动的界限，演变成为和其他商业模式无异的机制。

法国和意大利的短线运动

短线运动的实际情况难以评估。在法国，农业数据统计工具与之不相适应，人们只能看到商业化的残余结果。然而，随着时间推移，虽然从事直接销售的生产者的数量在减少，而所创造的产量却有增长的趋势。这一现象表明，生产者对农业生产进行增值的方式出现了专业化和职业化的特点。另外，生产者的参与通常也与农民和农业专家参与到地方网络中相关。这些农业网络推行或支持替代性农业方式尤其是生物农业；或者意味着在环保协会中的参与，环保协会构建面向地方消费者的品味教育和环保意识教育机制。这些举措通常归属于社会抗争运动或政治计划项目。加莱海峡省的孵化器（Germoir）短线运动就是很好的例子。30多名消费者以周、半月、月为单位向被发动起来参与活动的当地农民订购农产品。一家绿色产品商店也加入进来，向消费者提供无法在当地获得的产品。还有一个致力于唤起消费者的品味、质量意识和拉近生产者与消费者关

---

① Clare Hinrichs, "Embeddedness and Local Food Systems: Notes on Two Types of Direct Agriculture Market," *Journal of Rural Studies*, 16, 2000, pp. 295–303.

系的协会，名为"味道的种子"，也提供很多活动来配合行动。所以，参加短线运动的消费者既支持了当地经济活动，参加了一种农业类型的建构，还参与了民众教育活动。参与其中的协会网络起着很重要的作用，但并未把行动作为吸纳成员的主要方法，而是让受过培训的消费者群体去发展带有政治性的论据。我们注意到，这些行动通常是由替代性农业发展组织（接近于农民工会和生物农业）来推动的。他们以此作为反对主导性结构（占大多数的农业工会、或由农商支持的常规农业实践）正当性的有效方式。换言之，如果说发起的抗争行动尚不能决定所有生产者的参与，却对一味强调生产的主导农业体系提出了一个质疑计划激发着大部分具体倡议。

消费者方面，他们的参与理由各有不同：寻求当地产品供应或试图支持当地经济，通过支持可持续农业来促进环保，或是认为这些产品首先有益于身体健康。在这些林林总总的理由背后，还隐藏着每个消费者特有的轨迹。有时候，他们一开始基于个人理由参加活动，但是受到生产者或支持网络所组织的教育后可能会逐渐关注更有集体性的问题，例如地区发展、绿色农业或是生产者的合理报酬等。他们借此学习如何为质疑农业体系进行话语准备和专业知识准备。

因此，对于力求重构生产者和消费者关系的协会来说，短线运动成为组织集体行动的有效阵地。公平贸易的参与者最近也在短线运动中寻求扩大其行动范围的可能性，将之视为公平贸易的其他形式。[①] 另外，有些短线运动组织还成立了可以

---

① Sophie Dubuisson-Quellier, et Ronan Le Velly, "Le commerce équitable: des enjeux aussi pour le secteur agricole français," Décember 2009, *Économies et stratégies agricoles*, septembre 2008, pp. 55-85.

参与到其他行动中去的消费者团体，比如意大利的互助购买团（Gruppi di Acquisto Solidale，GAS）。该组织起源于 1994 年在意大利菲登扎（艾米利亚-罗马涅大区，Reggio Emilia）发起的一个倡议，一些邻居集体向当地生产者购买食品。起初，这些体系是为了在消费者群体中构建互助共济精神，使之能够互帮互助且购买更廉价的产品。但是，很快互助购买团就向经济目标（如保护地方生产）和环境项目发展，引导消费者了解食品的运输距离。今天，互助购买团已经属于政治消费范畴，其目标既包括围绕道德和环保价值观来动员消费者并保持团体内部以及与生产者之间的团结，也包括发展地方经济。

这些消费者组织的政治影响建立在他们与运动网络的联系上，如法国的反替代全球化或生态保护组织，以及意大利的互助经济组织。在这里，消费不仅是一个既有目标，更是一种行动方式，可以组织抗议、吸纳成员和表达诉求。生牛奶运动个案是一个很特别的例子。

美国生牛奶运动

在美国因卫生原因禁止销售供人饮用的生奶的 22 个州中，存在着一些致力于解决生奶问题的抗争协会网络。尤其是在威斯康辛州[①]，那里既是牛奶的集中产区，又是食品议题协会活跃的地方。对这些活动分子来说，在大多数情况下，吸纳以中产阶级和知识分子为主的新的消费者是最重要的行动杠杆和获得盟友的办法。这些网络运用并完善不同的策略来规避执行法律，

---

① Ozlem Altiok, "Politics of Raw Millk Consumption," communication à la First Conference on Sustainable Consumption, Madison (Wis.), 3-5 juin 2006.

坚持抗争战略。法律禁止的并不是生奶的生产，而是不能被销售给人饮用。一些由数十人组成的消费者群体直接从生产者手中购买生奶。每位小组成员轮流收集其他消费者的订单，然后去农场取回产品（通常是鸡蛋、生奶、生奶酪、生奶油，均为生物农产品）。生产者收到的是空白支票，这样使付款与提货不相关。这种不记名支票显示了该网络中消费者之间以及消费者与生产者之间的信任。还有一个办法是以为家里宠物买生奶为借口，这在法律上是允许的。此外，通过奶牛和家畜共有项目和农场会员制方式，消费者可以喝上他们拥有部分所有权的牲畜的生奶，而不需要经过销售的过程。这种共有制的运作需要签订合同，向消费者详细说明喝生奶可能带来的风险，以保护生产者。要加入这些项目需支付 10~250 美金不等的入会费。

对这些团体来说，生奶消费只不过是抗议的一个方面。[①]为了改变生奶生产和销售方面的监管，消费者还介入国家的立法辩论。在众议院组织公共听证会时，运动成员们借此机会为生奶的功效辩护，或质询威斯康辛州的农业、商业和消费者保护管理处（DATCP）。这些行动取得了一定的成果。虽然农业、商业和消费者保护管理处目前禁止牲畜共有制项目，但实际上建立起销售生奶的合法机制，以杜绝规避法律的行为。同样在2005年，威斯康辛州两名参议员提交了一份关于在特定条件下，

[①] 全美所有的生奶拥护者，包括生产者、消费者、活动人士和团体，每年都会参加"生奶安全峰会"。"真正牛奶运动"在全国范围传播，以召集为生奶而奋斗的活动人士，并受到很多推广小规模农业、绿色农业、重构生产者和消费者关系等协会的支持，如"从农场到消费者合法基金""韦斯顿价格基金"和"家庭农场守卫者"等。

尤其是在控制牲畜和奶品质的条件下允许生奶销售的修正案。虽然提案未获通过，但却证明了该运动善于抓住政治机遇的能力。

走向消费者治理

从20世纪90年代开始，世界上开始发展起让消费者更直接参与食品选择的诸多体系。他们可以就生产方式、产品性质、配给方式或使用这些体系所发动的各种资源进行谈判。

生产者和消费者之间的地方合同

20世纪70年代，生产者和消费者之间的地方合同体系主要出现在发达国家，从90年代开始取得飞速发展。日本的提携会（Teikei）是第一个例子。此后，在北美有支持农业社团（Community supported agriculture, CSA），在法国有维持农民农业协会（Associations pour le maintien d'une agriculture paysanne, AMAP）。当然，每个个案所处的具体环境不同。例如，日本提携会起初是消费者的提议，而社团支持农业协会和维持农民农业协会则由生产者发起，之后才成为消费者行动。

Teikei是日语中"伙伴"的意思。这一运动在20世纪60年代末的日本发展起来，当时的消费者因为严重的食品卫生问题而逐渐感到不安。消费者宁愿直接跟生产者打交道，因为他们不再信任机构和商业体系来保障产品的安全。医生群体也积极参与这些重构生产者和消费者关系的运动，并建立了一个绿色农业协会来支持提携会的运动。这些消费者团体深受合作社的启发，与多家生产者签订合同。他们之间也有建立在互相提供服务基础上的团结形式。提携会的特殊性在于它发展的背景，使之成为地方社团之间的交往空间。食品成为使个人和集体充分发展并和睦融洽的方式之一。[①]

北美的支持农业社团发展于20世纪80年代。它由多家运动网络发起，如一些20世纪70年代宣扬回归土地的农业组织。在农业危机使众多农业劳动者陷入经济困难的背景下，发展起来一种新农村主义。一批特别支持农业社团的耕种者定居下来，他们既不来自农业又不来自乡村。这些行动也受到城市里生态主义消费者的支持，他们希望与产品、生产者和自然建立更直接的关系。该体系的运行原理是消费者提前购买农民的一部分收成，农民再从收获的产品中给他们配送一篮产品，通常按周为单位。1999年，社团支持农业协会的数量估计已上千。该体系有着很强的团体性质，建立在对食品、风景和自然的分享以及会员间互助共济的理念之上。例如，团体也通过组织农业劳动者联欢会或在农庄里开展面向成人和儿童的教育活动等方式帮助社区发展。

在法国，第一家维持农民农业协会[②]于2001年由土伦附近的一对农民夫妇德尼丝·维翁和达尼埃尔·维翁（Denise et Daniel Vuillon）发起成立。他们在美国旅行的时候注意到支持

[①] Hiroko Amemyna(dir.), *L'Agriculture participative*, Rennes, Presses universitaires de Rennes, 2007.

[②] Claire Lamine, *Les AMAP: un nouveau pacte entre producteurs et consommateurs*, Gap, Yves Michel, 2008; Sophie Dubuisson-Quellier et Claire Lamine, "Faire le marché autrement. L'abonnement à un panier de fruits et légumes comme forme d'engagement politique des consommateurs," *Sciences de la société*, 62, 2004, p. 145-168; Sophie Dubuisson-Quellier et Claire Lamine, "Consumer Involvment in Fair Trade and Local Food System: Delegation and Empowerment Regimes," *Geojournal*, 73(1), 2008, pp. 55-65.

农业社团体系。在征收金融交易税以援助公民协会地方组织于欧巴涅召开的有农民联合会成员参与的会议上，维持农民农业协会计划获得通过，而此前在其他会议上也已讨论过。2002年，在普罗旺斯－阿尔卑斯－蓝色海岸大区有17家维持农民农业协会，2004年增加到45个，2007年有120个。[1] 在此期间，这一理念传遍法国，并经其他组织发展壮大。比如，巴黎大区联盟和罗讷—阿尔卑斯联盟，还有法国西南部和布列塔尼地区的农业和乡村增值行动中心（Centre d'initiatives pour valoriser l'agriculture et le milieu rural, CIVAM）。其基本原则就是双方签订合同并做出承诺。一方面，消费者应在生产季节开始前通过认购或者预定方式提前向生产者支付产品的预付金，通常相当于前六个月产品的总价。而当农业劳动者碰到自然风险（风、雨、雪、冰雹、干旱和疾病）时，成员们要与生产者互助共济。此外，他们还要参与团队的管理，分担关系共同利益的任务，如物流的组织、会刊的编写，或参与有关生产的项目来向生产者提供及时帮助。

生产者应该提供质量有保证且种类多样的产品。他们应该组织教学性活动，如组织农场参观，借机向消费者解释生产过程中的限制，并提醒他们某些行为可能产生的生态后果。生产者还需要在产品种植或定价时采取透明的技术和经济措施。绿色农业的认证不是强制要求，可以由消费者和生产者协商决定。[2] 今天，维持农民农业协会的数量大约在300个到500个之

---

[1] Claire Lamine, Les AMAP, op.cit., p. 14.

[2] 这个问题在网络内部引起了激烈的讨论。事实上，有些成员认为这是必要的，其他人则认为绿色农业认证解除了消费者监督和警惕的义务，将它交给了第三方。

间。估计 2007 年该体系将吸引 10 万人到 14 万人，即法国总人口的 0.16%~0.22%。

这些谈判空间的开放使维持农民农业协会成为由消费者管理的食品体系的试验地。该协会同时也是组织集体行动的框架。比如，有些维持农民农业协会渗透进压力集团，向当地政府施压，推动建立农庄市场和支持使用绿色农业产品的学校食堂。另一个例子是不动产公民协会（SCI），它由位于萨克利（Sacley）高地的维持农民农业协会的核心机构——色列斯菜园（Les Jardins de Cérès）创立，目标是组织 20 公顷土地的集体产权，以便在那里开展维持环保的农业生产活动，并使其避免地产投机。2005 年，巴黎大区维持农民农业协会的各电子网络和支持团体发出了认购呼吁。购买股份的既有个人也有协会，每人在投票时享有一票的权力。一条关于禁止投机的条款明确在出售股份的情况下，增值部分属于不动产公民协会，以便将股东的行为维持在抗争行动框架内。

除了这项相对有标志性的动员活动，维持农民农业协会还建议更广泛地参加诸如替代全球化运动、生态保护或推行负责任的消费等支持它们的网络组织发起的抗争活动。会员可以参加反对转基因食品的游行示威，参加关于反对密集型农业的纪录片放映的讨论，支持当地的农庄面包店，推广和宣传传统食品。从这个角度上说，维持农民农业协会不是必然的行动场所，而是对支持它们的网络组织所提出的各类问题进行意识强化的空间。所以，行动性消费更多表现为一种手段，而非目标本身。

食品正义运动

消费者治理的问题,即消费者参与食品选择的决定,处于食品正义运动的核心。[①] 这些运动兴起于 20 世纪 80 年代的北美。它们凝聚了从农业劳动者到饮食男女的广泛群体,[②] 希望改变食品消费主义的研究角度,但过于担心食品质量反而忽略了生产和分配的方式。它们有环境和安全的双重目标,希望用行动来改变食品的公共调控方式。对于推广者来说,生产者和消费者之间越来越大的距离不仅会造成食用者在食品方面基本能力的丧失(他们不了解产品,也不了解生产方式和季节变化,甚至不再会烹饪),还会在食品选择上失去掌控权(disempowerment)。这会导致两个严重后果:一是不易察觉的慢性环境恶化;二是社会底层的人们更加没有保障,因为他们只能吃到质量低劣、品种单调且营养过于丰富的食品。

食品正义运动与食品安全概念逐渐联系起来,要让更多人吃上健康、高品质的食品,也与可持续发展的概念联系起来,推广更符合生态要求的生产方式。这个问题在美国和加拿大尤其受关注,因为劣质食品导致了重大公共健康问题。这些运动考虑了不同等级上的行动,从国家层面的向政府施压,让他们负责解决食品消费方面的社会不公问题,到国际层面的维护全体公民享有食品的普遍权利。但是这些运动真正落实到行动却是在地方层面。由公民组成的地方委员会——食品安全联合会

[①] Charles Levkoe, "Learning Democracy Through Food Justice Movements," *Agriculture and Human Values*, 23, 2006, pp. 89-98.

[②] Tim Lang, "Going Public: Food Campaigns during the 1980s and the 1990s," dans David Smith (dir.), *Nutrition Scientists and Nutrition Policy in the 20th Century*, Londres, Routledge, 1996.

（Community Food Security, CFS）致力于以公平、社会公正和环境可持续为基础，构建地方在食品生产和分配方面的能力。这些委员会谴责大生产商和经销商操控食品体系，希望将指导和监督生产决策与分配方式的权利归还给当地团体。它们的民主化运行可以保证所有当地人获得食品。食品安全联合会的行动范围是社区、邻里甚至家庭，通过具体项目实现目标，如由当地社团成立社区菜园或食品银行。

这些替代性交易方式由网络运动发起，希望更大程度地让消费者和更广范围的公民参与到贸易监管中。它们从大众教育着手，使人们具备更多关于商业运行的专业知识，并动员他们参与到替代性交易体系的运作中，以此使他们在相关集体选择时更具责任感。除了消费主题行动以外，这些组织也希望其成员参与到政治和社会抗争运动中。

这些行动的知名度显然超越了其成员圈子。它们同时通过一系列重要的学习机制，帮助成员培养基本的奋斗目标意识。此外，我们不能忽略它们对于新出现的公共问题的定义，以及在这些问题被提上公共机构和企业的议事日程当中所发挥的作用。例如，在法国，曾经被农业界主要成员（多数派工会、政府当局、农业协会和经销商）认为很边缘的短线运动如今已成为新的关注点，并衍生了很多专门行动，无论是在公共领域（在学校餐厅供应绿色食品或短线食品），还是在私人领域（为促进就近农业而开展的经济活动）。

然而，这些体系也面临一些困难。

第一个困难是，他们所吸引的消费者并不打算像最投入的行动者所期望的那样投身于质疑行动。维持农民农业协会或地方交换体系覆盖的也有希望从消费者权益保护中获益的消费者。

这一情况会造成不同参与水平的人群之间的紧张关系，这在运动和协会圈子中是常见的，而消费者成员参与基础的扩大有利于使运动更引人注目。

另一个困难涉及更宽泛的问题。它与运动的社会学特征有关，运动依靠的主要是有良好教育和文化背景的中产阶级群体。在这种情况下，这一社会群体的规范和价值不可避免地成为了主导性的身份认同参照和政治参照。在某些分析人士看来，这与其说是民主，还不如说是中产阶级支配着其他参与者，包括与他们签订合同的生产者以及在选择食品时有不同的文化和经济原则的其他社会阶层。今天这些运动的局限性就在于难以将替代性交易体系扩大到更普遍的阶层。

结 论

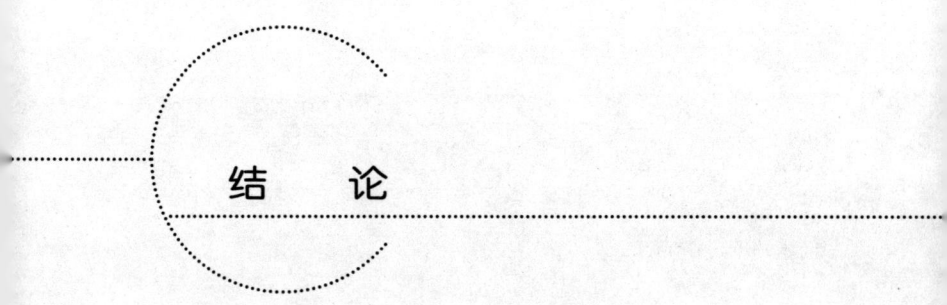

消费者动员由来已久，发展始于20世纪初。它的表现形式多样，有抵制、制造商白名单、使用标识、合作社运动等；所致力于的目标多样，从保护购买力到构建公民权利，以及改善工作条件等。在此视角下，消费者是动员的直接目标人群，动员行动要培养他们的责任意识，让他们更深地参与到经济活动监管中。

　　但是，随着消费者代表形式的制度化，消费者动员更多是为了维护个人利益，而不是集体责任。如今消费者协会拥有专业的鉴定水准，用以在企业和国家的有组织的利益前去维护消费者权益。

　　然而，20世纪90年代以来，消费者的动员又一次转向了责任化。抗争运动成员们希望在环境及社会无序和寻求相关解决方案中突出个人所扮演的角色。所以，市场为他们提供了极好的行动空间，使消费者能把经济权利转变为政治行动。抵制和择购被认为是动员大批消费者的途径，而购物行动也被从政治角度解读。当消费被视为商人的某种操控之结果，就受到很多批评，但因为抗争团体的措施而被赋予了"战斗的""公民的"或"有责任心"等属性，从而具有了很多美德。消费因而不再是社会质疑的目标，而是代表抗争行动本身。

我们看到，抗争运动与他们所揭露的行为主体有很多一致的关于商业运行的假设。与市场营销和广告专业人士一样，他们用一种略带机械主义的视角看待消费和消费者动员：标识或择购呼吁都是能够引导消费者选择的商业工具，就像商标和评语一样。他们的特色是融合了补充性的道德维度。这些社会运动，有些还是在全球范围内组织的，将市场看成一个强大的选择和财富分配方式。将质疑转移到市场成了提高效率的方式，像抵制行动的增多就可以如此诠释。在本书中我们没有涉及为向政府施压而发起的政治性抵制运动。最早的此类活动是1975年在南非民族解放运动的呼吁下由反种族歧视的协会组织领导的，抵制从南非进口的柑橘类水果。此后，在亲阿拉伯社团组织发起的声援第二次巴勒斯坦青年反对以色列占领的活动中，也发起了抵制，起初是抵制种植在巴勒斯坦土地上的以色列产品，后来扩展到抵制可口可乐、迪士尼和麦当劳等美国企业，因为美国政府被指责支持以色列。1995年，法国进行核试验，法国产品因而遭到大地母亲协会（Mother Earth）发起的抵制。该协会还在2003年发起了对迪士尼公司的抵制行动，抗议当年美国入侵伊拉克。同时，法国葡萄酒等最具标志性的产品也遭到支持美国伊拉克战争的团体的抵制，因为法国反对此次战争。这些例子表明，产品或企业在很大程度上只不过是遭到质疑的政策的替罪羊。

消费者行动中很大一部分采用的是最商业化的行动方式，更多的是把市场作为行动空间，而较少作为质疑对象。用这样的视角看待市场的角色，即质疑者和被质疑者有同样的视角，就会出现行动的矛盾性：既处于市场之中又反对市场。污染权市场、生态运动、道德运动和公平运动的出现带来了新产品、新商业机制（规范、标识、商标、行业分支组织）、消费者新的要求和商品新的属性（公平、道德、环保），也扩大了市场的范围。因此，通过标识等商业手段表达的对商业导致的生态问题或社会无序的不满，同时也会扩大这些受到质疑的机构。

但是，消费者行动多样化的形式并不因此枯竭。因为社会运动和广告业或市场营销专业人士一样，不能够机械地发动消费者，消费者有多种多样的方式来表达他们对商业的不满。其他形式的消费行动在个人或集体行动中显现出来。消费者对广告或大众消费的抵抗包含着抗议市场或捍卫某一奋斗目标的多元行动方式。消费者既可以个体单独行动，也可以采用抗争团体标准化的方式或行为。他们还可以参加其他消费者的团体，联合起来选择供应或消费方式。在这种情况下，消费者往往会被邀请参加宣传教育活动、请愿或游行，但没有强制性。这些由消费者所掌握的多元行动方式，通过个人行为或在团体平台上的行动，勾勒出消费者行动的现状。

下面的表格表明了消费者行动的复杂性，但需要记住两个基本点。

首先是要区别个人行动（即使它属于个体化的集体行动的概念，即一个团体致力于汇合个体行动）和集体行动。

其次是要区别购物行为所体现的行动和通过生活方式及参与方式所传达的、拥有更广泛的表达框架的行动。这四个类别是理想类型。因为消费者的参与和团体的发动，也可以因为企业或公共行动采纳了抗争者们的建议并使之制度化，这些行动可以随着时间推移从一个形式变换到另一个形式。例如，生态食品消费在20世纪70年代属于抵抗行为，但如今已成为一种抵购方式，因为它受到了扩大的生产者网络尤其是政府的支持。然而，最近围绕着生态食品的讨论试图将这些行为转化为新的抵抗形式，尤其是它们被纳入质疑欧盟法规、维护更严格的绿色农业标准的运动框架。

消费者行动不会昙花一现。它也不是政治参与形式变化的表现。它首先是集体行动的一种特殊形式。

消费者行动的不同形式

		质疑行动空间	
		在购物行动中	在范围更广的社会行为中
质疑行动形式	个体	抵制或择购 环境标识，公平标识，绿色农业，道德，呼吁抵制	消费和抵制行为 经济减增，自愿朴素，节俭，反广告抵抗，反传统文化，再就业
质疑行动形式	集体	合作运动和替代性贸易体系 消费者合作社，团结购物组织，维持农民农业协会，地方交易体系，自由软件团体，拼车和认购家畜	消费者集体行动 反广告运动（涂鸦型），为重购农业用地向公共或私人机构请愿，反对转基因食品运动，经济降增运动

参考书目

« Les pratiques environnementales des Français en 2005 », *Les dossiers de l'IFEN*, 8, décembre 2007.

Adorno (Theodore) et Horkheimer (Max), *La Dialectique de la raison*, Paris, Gallimard, 1974.

Altiok (Özlem), « Politics of Raw Milk Consumption », communication à la *First Conference on Sustainable Consumption*, Madison (Wis.), 3-5 juin 2006.

Amemyna (Hiroko) (dir.), *L'Agriculture participative*, Rennes, Presses universitaires de Rennes, 2007.

Barraud de Lagerie (Pauline), « Quel consumérisme politique pour promouvoir la responsabilité sociale des entreprises ? », *Revue internationale de gestion*, 31 (2), 2006, p. 119-125.

Blanc (Jérôme), *Exclusion et liens financiers. Monnaies sociales*, Paris, Economica, 2006.

Blanc (Jérôme), Ferraton (Cyrille) et Malandrin (Gilles), « Les systèmes d'échange local (SEL) : une manifestation de l'économie solidaire ? », dans Élisabeth Dacheux et Jean-Louis Laville (dir.), « Économie solidaire et démocratie », *Hermès*, 36, 2003, p. 91-99.

Boström (Magnus) et Klintman (Mikael), *Eco-Standards, Product Labelling and Green Consumerism*, Basingstoke, Palgrave Macmillan, 2008.

Breen (Timothy H.), *The Marketplace Of Revolution : How Consumer Politics Shaped American Independence*, Oxford, Oxford University Press, 2004.

CAMPBELL (Colin), *The Romantic Ethic and the Spirit of Modern Consumerism*, Oxford, Blackwell, 1987.

CARDUCCI (Vince), « The Aura of the Brand », *Radical Society*, 30 (4), 2003, p. 29-50.

CARDUCCI (Vince) « Culture Jamming. A Sociological Perspective », *Journal of Consumer Culture*, 6 (1), 2006, p. 116-138.

CHESSEL (Marie-Emmanuelle), « Consumers' Leagues in France : A Transatlantic Perspective », dans Alain Chatriot, Marie-Emmanuelle Chessel et Matthew Hilton (eds), *The Expert Consumer. Associations and Professionals in Consumer Society*, Londres, Ashgate, 2006, p. 53-69.

COHEN (Lizabeth), *A Consumers' Republic. The Politics of Mass Consumption in Postwar America*, New York (N. Y.), Vintage, 2003.

CROUTE (Patricia), DELPAL (Franck) et HATCHUEL (Georges), *Représentations et pratiques de la consommation engagée*, Rapport du Credoc, Paris, Credoc, décembre 2006.

DUBUISSON-QUELLIER (Sophie) et BARRIER (Julien), « Protester contre le marché : du geste individuel à l'action collective. Le cas du mouvement antipublicitaire », *Revue française de science politique*, 54 (2), 2007, p. 209-237.

DUBUISSON-QUELLIER (Sophie) et LAMINE (Claire), « Faire le marché autrement. L'abonnement à un panier de fruits et légumes comme forme d'engagement politique des consommateurs », *Sciences de la société*, 62, 2004, p. 145-168.

DUBUISSON-QUELLIER (Sophie) et LAMINE (Claire), « Consumer Involvment in Fair Trade and Local Food System : Delegation and Empowerment Regimes », *Geojournal*, 73 (1), 2008, p. 55-65.

DUBUISSON-QUELLIER (Sophie) et LE VELLY (Ronan), « Le commerce équitable : des enjeux aussi pour le secteur agricole français », *Demeter 2009. Économies et stratégies agricoles*, septembre 2008, p. 55-85.

Ellul (Jacques), *Le Système technicien*, Paris, Calmann-Lévy, 1977.

Eyriolles (Agathe), *Les Sens de la décroissance. Filiations et transmissions entre la France et l'Italie*, mémoire de master de sociologie politique, codirigé par Nonna Mayer et Marc Lazar, Paris, Sciences Po, 2007.

Etzioni (Amitai), « Volontary simplicity : Characterization, select psychological implications, and societal consequences », *Journal of Economic Psychology*, 19, 1998, p. 619-643.

Friedman (Monroe), *Consumer Boycotts. Effecting Change Through The Marketplace and The Media*, Londres, Routledge, 1999.

Furlough (Ellen), *Consumer Cooperation in France. The Politics Of Consumption 1834-1930*, Ithaca (N. Y.), Cornell University Press, 1991.

Furlough (Ellen) et Strikwerda (Carla) (eds), *Consumers Against Capitalism ? Consumer Cooperation in Europe, North America and Japan, 1840-1990*, Lanham (Md.), Rowman and Littlefield, 1999.

Gabriel (Yiannis) et Lang (Tim), *The Unmanageable Consumer*, Londres, Sage, 2006.

Gesell (Sylvio), *The Natural Economic Order*, Londres, P. Owen, 1958.

Glickman (Lawrence), « Through the Medium of Their Pockets : Sabbatarianism, Free Produce, Non Intercourse and The Significance of Early Modern' Consumer Activism », dans Alain Chatriot, Marie-Emmanuelle Chessel et Matthew Hilton (eds), *The Expert Consumer. Associations and Professionals in Consumer Society*, Londres, Ashgate, 2006, p. 21-36.

Guillat (Géraldine), « Le système d'échange local : une communauté fragile », *Sociologies pratiques*, 9, 2004.

HILTON (Matthew), *Consumerism in Twentieth-Century Britain : The Search for a Historical Movement*, Cambridge, Cambridge University Press, 2003.

HILTON (Matthew), « The Organized Consumer Movement since 1945 », dans Alain Chatriot, Marie-Emmanuelle Chessel et Matthew Hilton (eds), *The Expert Consumer. Associations and Professionals in Consumer Society*, Londres, Ashgate, 2006, p. 187-203.

HINRICHS (Clare), « Embeddedness and Local Food Systems : Notes On Two Types Of Direct Agriculture Market », *Journal of Rural Studies*, 16, 2000, p. 295-303.

HIRSCHMAN (Albert O.), *Face au déclin des entreprises et des institutions*, Paris, Les Éditions ouvrières, 1970.

HIRSCHMAN (Albert O.), *Bonheur privé, action publique*, Paris, Fayard, 1982.

HOLLOWAY (Lewis) et KNEAFSEY (Moya), *Geographies Of Rural Cultures and Societies*, Londres, Ashgate, 2004.

HOROWITZ (Daniel), *The Morality of Spending : Attitudes toward The Consumer Society in America, 1875-1940*, Baltimore (Md.), The Johns Hopkins University Press, 1985.

HYMAN (Paula), « Immigrant Women and Consumer Protest : The New York City Kosher Meat Boycott of 1902 », *American Jewish History*, 70, 1980, p. 9-105.

ILLITCH (Ivan), *La Convivialité*, Paris, Seuil, 1973.

KJÆRNES (Unni), HARVEY (Mark) et WARDE (Alan), *Trust in Food. A Comparative and Institutional Analysis*, Basingstoke, Palgrave Macmillan, 2007.

KLEIN (Naomi), *No Logo. Contre la tyrannie des marques*, trad. fr., Paris, Babel, 2002.

KOZINETS (Robert), « Can Consumers Escape The Market ? Emancipatory Illuminations from Burning Man », *Journal of Consumer Research*, 29 (1), 2002, p. 20-38.

Lamine (Claire), *Les Intermittents du bio. Pour une sociologie des choix alimentaires émergents*, Paris, Éditions de la MSH, 2008.

Lamine (Claire) avec la collaboration de Nathalie Perrot, *Les AMAP : un nouveau pacte entre producteurs et consommateurs*, Gap, Yves Michel, 2008.

Lang (Tim), « Going Public : Food Campaigns during the 1980s and the 1990s », dans David Smith (ed.), *Nutrition Scientists and Nutrition Policy in the 20th Century*, Londres, Routledge, 1996.

Lenzi (Catherine), *Travail, genre et engagement dans les SEL. Réflexions sur l'autonomie de l'individu à partir d'une variante de l'économie solidaire*, thèse de sociologie, Université de Versailles-Saint-Quentin-en-Yvelines, 2007.

Le Velly (Ronan) « Le commerce équitable : des échanges marchands contre et dans le marché », *Revue française de sociologie*, 47 (2), 2006, p. 319-340.

Levkoe (Charles), « Learning Democracy Through Food Justice Movements », *Agriculture and Human Values*, 23, 2006, p. 89-98.

Mayer (Robert N.), « The Entrepreneurial Ethic and the Spirit of Consumerism : Finances and Strategy in the US Consumer Movement », dans Alain Chatriot, Marie-Emmanuelle Chessel et Matthew Hilton (eds), *The Expert Consumer. Associations and Professionals in Consumer Society*, Londres, Ashgate, 2006, p. 151-166.

MacLachlan (Patricia L.), *Consumer Politics in Postwar Japan*, New York (N. Y.), Columbia University Press, 2002.

Maniates (Michael), « Individualization : Plan a Tree, Buy a Bike, Save the World ? », dans Thomas Princen, Michael Maniates et Ken Conca (eds), *Confronting Consumption*, Cambridge (Mass.), MIT Press, 2002, p. 43-66.

MARCUSE (Herbert), *L'Homme unidimensionnel, essai sur l'idéologie de la société industrielle avancée*, Paris, Minuit, 1968.

MICHELETTI (Michele), *Political Virtue and Shopping. Individuals, Consumerism, and Collective Action*, Basingstoke, Palgrave Macmillan, 2003.

MICHELETTI (Michele), « Why More Women ? Issues of Gender and Political Consumerism », dans Michele Micheletti, Andreas Follesdal et Dietlind Stolle (eds), *Politics, Products and Markets. Exploring Political Consumerism Past and Present*, New Brunswick (N. J.), Transaction Publishers, 2004, p. 245-264.

MIELE (Mara) et MURDOCH (Jonathan), « The Practical Aesthetic of Traditional Cuisines : Slow Food in Tuscany », *Sociologia Ruralis*, 42 (4), 2002, p. 312-328.

PERETTI (Jonah), « The Nike Sweatshop Email : Political Consumerism, internet, and Culture Jamming », dans Michele Micheletti, Andreas Follesdal et Dietlind Stolle (eds), *Politics, Products and Markets. Exploring Political Consumerism Past and Present*, New Brunswick (N. J.), Transaction Publishers, 2004, p. 127-142.

RAHNEMA (Rajid), *Quand la misère chasse la pauvreté*, Paris, Fayard, 2003.

RAO (Hayagreeva), « Caveat Emptor : The Construction of Nonprofit Consumer Watchdog Organizations », *American Journal of Sociology*, 103 (4), 1998, p. 912-961.

RAYNOLDS (Laura), « Consumer Producer Links in Fair Trade Coffee Networks », *Sociologia Ruralis*, 42 (4), 2002, p. 404-424.

ROOZEN (Nico) et VAN DER HOFF (Frans), *L'Aventure du commerce équitable, Une alternative à la mondialisation. Par les fondateurs de Max Havelaar*, Paris, Jean-Claude Lattès, 2002.

Rumbo (Joseph), « Consumer Resistance in a World of Advertising Clutter : The Case of Adbusters », *Psychology and Marketing*, 19 (2), 2002, p. 127-148.

Schor (Juliet), *The Overspent American : Upscaling, Downshifting, and The New Consumer*, New York (N. Y.), Basic Books, 1998.

Sklar (Kathryne Kish), « The Consumers' White Label Campaign of the National Consumers' League, 1898-1918 », dans Susan Strasser, Charles McGovern et Matthias Judt (eds), *Getting and Spending. European and American Consumer Societies in the Twentieth Century*, Cambridge, Cambridge University Press, 1998, p. 17-36.

Thornton (Sarah), *Club Cultures : Music, Media and Subcultural Capital*, Lebanon (N. H.), University Press of New England, 1996.

Trentmann (Frank), « Bread, Milk and Democracy : Consumption and Citizenship in Twentieth Century Britain », dans Martin Daunton et Matthew Hilton (eds), *The Politics of Consumption. Material Culture and Citizenship in Europe and America*, Oxford, Berg, 2001, p. 129-163.

Trumbull (Gunnar), *Consumer Capitalism. Politics, Product Markets and Firm Strategy in France and Germany*, Ithaca (N. Y.), Cornell University Press, 2006.

Wierviorka (Michel), *L'État, le patronat et les consommateurs*, Paris, PUF, 1977.

图书在版编目(CIP)数据

消费者在行动/(法)杜布松-奎利埃著;李洪峰,沈艳丽译.
—北京:社会科学文献出版社,2015.5
（公民丛书）
ISBN 978-7-5097-6732-0

Ⅰ.①消… Ⅱ.①杜… ②李… ③沈… Ⅲ.①消费者行为论-研究 Ⅳ.①F713.55

中国版本图书馆 CIP 数据核字（2014）第 262715 号

·公民丛书·
消费者在行动

著　　者／〔法〕索菲·杜布松-奎利埃
译　　者／李洪峰　沈艳丽

出 版 人／谢寿光
项目统筹／祝得彬
责任编辑／仇　扬　张素芳

出　　版／社会科学文献出版社·全球与地区问题出版中心（010）59367004
　　　　　　地址：北京市北三环中路甲29号院华龙大厦　邮编：100029
　　　　　　网址：http://www.ssap.com.cn
发　　行／市场营销中心（010）59367081　59367090
　　　　　　读者服务中心（010）59367028
印　　装／三河市东方印刷有限公司

规　　格／开　本：889mm×1194mm　1/32
　　　　　　印　张：4　字　数：84千字
版　　次／2015年5月第1版　2015年5月第1次印刷
书　　号／ISBN 978-7-5097-6732-0
著作权合同
登 记 号／图字01-2013-5070号
定　　价／49.00元

本书如有破损、缺页、装订错误，请与本社读者服务中心联系更换
▲ 版权所有 翻印必究